Su princesa

Oraciones
a mi Rey

Sheri Rose
SHEPHERD

La misión de Editorial Vida es ser la compañía líder en comunicación cristiana que satisfaga las necesidades de las personas, con recursos cuyo contenido glorifique a Jesucristo y promueva principios bíblicos.

ORACIONES A MI REY
Edición en español publicada por
Editorial Vida – 2007
Miami, Florida

© 2007 por Editorial Vida

Originally Published in English under the title:
Prayers to My King by Sheri Rose Shepherd
© 2005 by Sheri Rose Shepherd
Published by Multnomah Publishers, Inc. 601 North Larch Street - Sisters, Oregon 97759 USA
All non-English language rights are contracted through: Gospel Literature International PO Box 4060. Ontario, CA 91761-1003, USA

Traducción: *Silvia Himitian*
Edición: *Virginia Himitian de Griffioen*
Adaptación de diseño cubierta: *Grupo Nivel Uno, Inc.*
Adaptación de diseño interior: *Pablo Snyder & Co.*

ISBN 978-0-8297-4715-7

Categoría: Vida cristiana / Mujeres

Impreso en Vietnam
Printed in Vietnam

23 ❖ 16 15 14

ÍNDICE

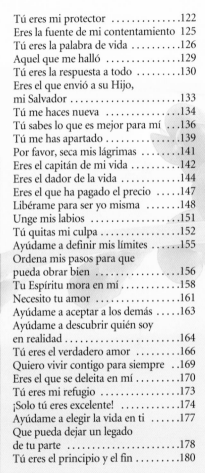

Mi querida Princesa:

Sé por experiencia personal lo difícil que puede resultar acercarse a Dios en oración para mostrarle al creador del cielo y de la tierra nuestros verdaderos sentimientos con respecto a la vida.

Yo solía creer que había alguna fórmula mágica. Pasé años intentando decir las cosas que me parecían correctas, de la manera correcta. Pero luego leí las oraciones de David en los Salmos, y me di cuenta de que Dios desea que le exprese mis más profundos temores, deseos, y fracasos; así como también mi amor, alabanza y gratitud. Los clamores de David hacia Dios me mostraron que puedo presentar ante él mis más oscuros secretos y mi gozo más sentido. Ningún tópico, ninguna emoción queda fuera de los límites de mi Rey. ¡Él desea que sea *auténtica*! Él me ama y es el único que puede cambiar mi corazón y mis circunstancias.

Así que al leer las oraciones de este libro, mi petición por ti es que te recuerden el gran poder de tu Rey, sus preciosas promesas, y su inconmensurable amor por ti. Aún más: le pido a nuestro Rey que use este libro para que te animes a presentarte delante de su trono en oración con confianza, *cualquiera* sea tu petición, porque tú eres su princesa y él se ocupa de cada detalle de tu vida. El Señor escucha cada palabra ¡y espera poder bendecirte más allá de lo que imaginas!

Con amor,
Tu hermana en Cristo,
Sheri Rose

Al que puede hacer muchísimo más que todo lo que podamos imaginarnos o pedir, por el poder que obra eficazmente en nosotros, ¡a él sea la gloria…!

EFESIOS 3:20-21

Te tomé de los confines

de la tierra, te llamé de los

rincones más remotos,

y te dije: «Tú eres mi siervo».

Yo te escogí; no te rechacé.

ISAÍAS 41:9

Mi Rey,
EL QUE ME ELIGIÓ

*M*e resulta muy difícil creer que tú me *eligieras* para representarte ante el mundo.

Señor, siento que es inapropiado que se me llame tu princesa. Yo quiero ser lo que tú me has llamado a ser, pero no sé cómo. Necesito tu ayuda para dejar de lado lo que yo pienso que soy para poder convertirme en aquello que tú dices que soy. Sé que me has dado una voluntad libre y que nunca me obligarás a vivir para ti, pero yo quisiera estar totalmente entregada a ti. Deseo dejar un legado a través de mi vida. Quiero que el mundo sepa que soy tuya. Y te pido hoy que me unjas y me enseñes a vivir y a actuar como tu princesa. Elijo creer que tú me equiparás para hacer todo aquello que me has llamado a llevar a cabo y que me mantendrás fortalecida para acabar la carrera de la fe. Gracias por adoptarme como tu hija y por amarme hasta el punto de dar tu vida.

Porque tú me elegiste primero, hoy yo elijo seguirte. Te amo y me siento privilegiada de poder llamarte el Señor de mi vida y mi Salvador.

En el nombre de Jesús, amén.

Con amor,

Tu princesa, que te dice «sí»

Mi Rey,
MI PADRE QUE ESTÁS
EN EL CIELO

*Y*o necesito desesperadamente conocer el amor paternal que tú tienes por mí. Deseo sentir tus brazos rodeándome cuando estoy herida. Quiero recibir tu sabiduría cuando no sé qué hacer. Quiero experimentar tu protección cuando estoy en peligro y tu presencia cuando me siento sola.

Por favor, ayúdame a recordar quién eres tú y cuánto me amas. Nunca me sueltes de la mano mientras recorro este camino al que llamamos vida. Recuérdame que estoy segura en tus brazos y que tú estás siempre allí cuando necesito correr hacia ti. Que nunca olvide de quién soy hija. Deseo amarte no solo como Dios, sino también como mi papá del cielo.

Te lo pido en el nombre de Jesús.

Con amor,

Tu hija, que te adora

«YO SERÉ UN PADRE PARA USTEDES,
Y USTEDES SERÁN MIS HIJOS
Y MIS HIJAS,
DICE EL SEÑOR TODOPODEROSO».
2 Corintios 6:18

Mi Rey,
AYÚDAME A ENCONTRAR
MI IDENTIDAD EN TI

*S*eñor, líbrame de intentar encajar en un mundo que muy fácilmente se posesiona de mi identidad y la distorsiona. De aquí en más yo no quiero ser modelada según los patrones de los ídolos de confección humana. Yo quiero que tu formes mi carácter y me hagas un reflejo de tu persona.

Así que, por tu Espíritu Santo, adviérteme cuando camine por las sendas del mundo y renueva en mí un corazón recto hacia ti. Dame pasión por *bendecir* a la gente para que deje de perder mi vida en un mero intento por *impresionarlos*.

Yo creo que tú me puedes librar de la tentación de permitir que otros le den forma a mi identidad, y de mi deseo de agradar a todos los que me rodean. Señor, ayúdame a preocuparme más por lo que tú piensas que por lo que piensan los demás.

En el nombre de Jesús, amén.

Con amor,

Tu princesa, que te está agradecida

¡Te alabo porque soy
una creación admirable!
¡Tus obras
son maravillosas,
y esto lo sé muy bien!

SALMO 139:14

Vuélvanse al Señor su Dios,

porque él es bondadoso

y compasivo, lento para la ira

y lleno de amor.

JOEL 2:13

Mi Rey,
RECÍBEME DE NUEVO

*S*eñor, no sé cómo he hecho para alejarme de ti otra vez. Me siento muy perdida cuando no sintonizo tu presencia en mi vida.

No comprendo cómo es que un día estoy tan encendida por tu amor y al día siguiente las brasas de mi fe parecen comenzar a humear y apagarse. Perdóname por extraviarme, alejándome de ti. Perdóname por olvidar quién eres tú, cuánto me amas y todo lo que has hecho por mí.

Quiero volver a ti. Quiero que seas el Señor de mi mente y de mi espíritu. Permíteme sentir que tu Espíritu Santo me llena otra vez. Llévame de nuevo a tener una relación adecuada contigo. Te amo, y te anhelo. Por favor, ámame y vuélveme a la vida otra vez, porque no tengo ninguna esperanza fuera de ti. Gracias por ser siempre fiel, aun cuando yo no lo sea.

En el nombre de Jesús, amén.

Con amor,

Tu princesa pródiga, que ha vuelto al hogar

Mi Rey,
PERMÍTEME BRILLAR
PARA TI

*S*eñor, tu Palabra dice que no oculte luz eterna que tengo en mí. Y quiero que otros deseen conocer la esperanza que tú me has dado. Deseo tener el coraje de arder vivamente para ti en este mundo oscuro.

Así que te pido que me ayudes a no esconderme detrás de mis temores o de lo que otros puedan pensar. Por favor, enciende tu luz en aquellos lugares oscuros de mi corazón que no permiten que tu Espíritu Santo obre a través de mí. Hazme una estrella para ti, una estrella que incite a la gente a mirar hacia el cielo. Deja que mi vida te refleje de tal manera que los demás perciban tu amorosa bondad, ternura y misericordia, de modo que esto los acerque a ti y solo a ti.

Te lo pido en el nombre de Jesús.

Con amor,

Tu princesa, que está dispuesta a brillar para ti

«¡Levántate y resplandece,

que tu luz ha llegado!

¡La gloria del SEÑOR brilla

sobre ti!».

ISAÍAS 60:1

POR TANTO, TAMBIÉN
NOSOTROS, QUE ESTAMOS
RODEADOS DE UNA
MULTITUD TAN GRANDE
DE TESTIGOS,
DESPOJÉMONOS DEL LASTRE
QUE NOS ESTORBA,
EN ESPECIAL DEL PECADO
QUE NOS ASEDIA,
Y CORRAMOS
CON PERSEVERANCIA
LA CARRERA QUE
TENEMOS POR DELANTE.

HEBREOS 12:1

Mi Rey,
AYÚDAME A CORRER
PARA GANAR

*S*eñor, ayúdame a correr de tal manera que nunca me canse de hacer tu obra. Sé mi entrenador celestial. Prepárame física, emocional y espiritualmente para ganar la carrera de la fe. Ya no voy a correr para competir con el mundo. No deseo más trofeos que me aporten gloria personal. Quiero correr en tu equipo y ganar almas para tu reino. Cuando corro por mí misma, lo hago con el alma vacía y en mis propias fuerzas. Tú eres el único que puede capacitarme para cruzar la línea de llegada cuando mi carrera acabe, y sé que lo harás. Comenzando hoy, te doy todo lo que soy y todo lo que tengo, y te pido que me hagas una de aquellas personas que ganan el trofeo de tu vida eterna.

En el nombre de Jesús, amén.

Con amor,

Tu princesa, que está corriendo hacia la línea de llegada

Mí Rey,
YO QUIERO HACERLO
A TU MANERA

*S*eñor, he intentado demasiadas veces lograr que mi vida funcione. Parece que cuanto más hago las cosas a mi manera, más me alejo de tu persona. Ayúdame a mirarte a ti y no a los que me rodean. Ayúdame, Dios, a buscar tu dirección y a escuchar tu voz cuando ando perdida y solitaria. Perdóname por no mantener mis ojos puestos en ti. Yo sé que no hay nadie como tú, y que nadie jamás puede guiarme y amarme de la forma en que tú lo haces. Estoy dispuesta a seguirte solo a ti. Así que, por favor, ponme anteojeras para que no mire al mundo ni copie sus maneras, y para que pueda permanecer andando por el sendero recto y angosto que me lleva a mi hogar, hacia ti.

En el nombre de Jesús, amén.

Con amor,

Tu princesa, que ama que la guíes

Yo te guío por el camino

de la sabiduría,

te dirijo por sendas de rectitud.

PROVERBIOS 4:11

*Las armas con que luchamos
no son del mundo,
sino que tienen el poder divino
para derribar fortalezas.
Destruimos argumentos
y toda altivez que se levanta
contra el conocimiento de Dios,
y llevamos cautivo todo
pensamiento
para que se someta a Cristo.*

2 CORINTIOS 10:4-5

Mi Rey,
AYÚDAME A PONER
MI MENTE EN TI

*S*eñor, a veces me desbordan los problemas de este mundo. Me siento desesperanzada aunque sé que tú eres mi esperanza. Me siento incapaz de hacer nada significativo que pueda ayudar a cambiar todas esas crisis por las que pasa nuestra nación.

Así que clamo a ti, Espíritu Santo, para que me ayudes a colocar mi mente en las cosas que sí *puedo* hacer en mi vida cotidiana, y en la gente a la que sí *puedo* auxiliar, de una a la vez. Quita de mí este espíritu de opresión; lleva mis pensamientos al lugar celestial en el que pueda tener una perspectiva eterna de tus planes y propósitos. Renueva mi mente con tu verdad y borra todas las dudas y desalientos. Y ayúdame a recordar que contigo soy infinitamente poderosa para realizar todo lo que haga falta para cambiar las cosas para la eternidad.

En el nombre de Jesús, amén.

Con amor,

Tu princesa, que tiene su mente puesta en ti

Mi Rey,
NECESITO ESCUCHARTE

Mi Señor, permito que muchas cosas silencien tu suave y permanente voz, y esas son cosas que no tienen ninguna importancia en lo que se refiere a mi historia y a la vida eterna que tengo en ti. Perdóname por las veces en que te interrumpo y aun te ignoro cuando tú deseas hablarme. Por tu Espíritu Santo, pon convicción en mí con respecto a las distracciones ante las que cedo y señálame cuáles son las personas que me apartan de ti. Enséñame a permanecer en silencio para ser capaz de oír a tu Espíritu hablar. Por favor, ayúdame a quedarme quieta y descansar delante de tu santa presencia, de manera que entienda lo que me dices. Y que tu Palabra penetre mi alma tan profundamente que hable más alto que el mundo, de modo que reconozca tu voz por encima del caos y de las ocupaciones que llenan mi días.

Lo pido en el nombre de Jesús.

Con amor,

Tu princesa, que está lista para escuchar

Presten atención y vengan a mí,

escúchenme y vivirán.

Haré con ustedes un pacto eterno,

conforme a mi constante amor

por David.

ISAÍAS 55:3

Mi Rey,
RECUÉRDAME QUE ORE

*S*eñor, con frecuencia olvido la bendición que tengo de poder acercarme a la sala de tu trono con mis oraciones y problemas. Gracias por este maravilloso privilegio y este don. Y despiértame, por tu Espíritu Santo, para orar coherentemente y con confianza. No permitas que me pierda ni un solo toque divino de tu parte por haber sigo negligente en cuanto al orar.

Recuérdame a diario que soy tu hija y que tú eres poderoso. Ayúdame a reclamar lo que me has prometido, tanto para mí como para aquellos a los que amo. Ayúdame a ser tu princesa guerrera que ata los ardides del diablo con el poder de tu Palabra y de la oración.

Gracias porque siempre me escuchas cuando clamo a ti. Te alabo porque haces mucho más que escucharme: me respondes con fidelidad de acuerdo con tu perfecta voluntad. Me siento privilegiada por poder orar. Te amo, Señor, por lo que eres y por todo lo que haces.

En el nombre de Jesús, amén.

Con amor,

Tu princesa, que está dispuesta a orar

Oren en el Espíritu en todo momento,
con peticiones y ruegos.
Manténganse alerta y perseveren
en oración por todos los santos.

EFESIOS 6:18

Así que no temas, porque yo estoy

contigo; no te angusties, porque

yo soy tu Dios. Te fortaleceré y

te ayudaré, te sostendré con

mi diestra victoriosa.

ISAÍAS 41:10

Mi Rey,
DAME LA VICTORIA

Jesús, nunca llegaré a conocer el precio que has pagado en la cruz para que yo pudiera vivir una vida victoriosa. Tú sufriste voluntariamente el ser clavado a la cruz y la dolorosa experiencia de ser separado de tu Padre celestial, y todo por mí.

Así que cuando me sienta desbordada por el sufrimiento y por los problemas que aparecen en mi camino, recuérdame que tú eres mi Dios, mi libertador, mi Salvador, y mi razón de vivir. Concédeme la victoria sobre mis temores. Abre mis ojos para que pueda ver tu rostro en lugar de mi temor. Permíteme encontrar en tu presencia descanso para mi alma fatigada. Abre un camino donde parece no haberlo. Gracias porque no estoy sola. Siempre estás conmigo y constantemente obras a mi favor. Te alabo porque puedo lograr la victoria en cada área de la vida por pertenecerte.

En tu nombre, amén.

Con amor,

Tu princesa, que saldrá triunfante de estas pruebas

No temas, porque yo estoy contigo.

¿Acaso no saben que su cuerpo

es templo del Espíritu Santo,

quien está en ustedes

y al que han recibido

de parte de Dios?

Ustedes no son sus propios

dueños.

1 CORINTIOS 6:19

Mi Rey,
MANTENME PURA

*S*eñor, ayúdame a recordar que mi cuerpo es el lugar de la morada de tu Espíritu Santo. Mantenme firme en tu verdad y en tus caminos. No quiero deshonrar tu templo contaminando lo que es tuyo. Sé que mi cuerpo no me pertenece: tú pagaste con tu vida el precio de mi salvación.

No sabría cómo decirte lo mucho que valoro este precioso don que me has dado, aunque a menudo me resulte difícil considerarme preciosa o valiosa. Por favor, renueva mi mente con tu verdad, sustenta mi corazón con tu amor, toma cualquier convicción mundana que haya en mí y quítala.

Necesito que me ayudes a permanecer pura. Quiero tu sabiduría y tu fortaleza para alejarme de cualquier persona o cosa que me tiente a hacer concesiones en cuanto a lo que estoy destinada a ser: tu hija, apartada y hecha santa para tus propósitos.

En tu nombre, amén.

Con amor,

Tu princesa, que siempre te amará

Si confesamos nuestros pecados,

Dios, que es fiel y justo,

nos los perdonará

y nos limpiará de toda maldad.

1 JUAN 1:9

Mi Rey,
POR FAVOR, PERDÓNAME

*S*eñor, por favor, perdóname por pecar contra ti. Necesito mucho de tu toque sanador ahora mismo porque que he fallado otra vez en ser la persona que tú deseas que sea, y estoy luchando por perdonarme a mí misma. Necesito que me laves para quedar tan blanca como la nieve, y que cubras mis errores pasados con tu sangre. Yo deseo comenzar de nuevo. Estoy dispuesta a alejarme de mi vieja vida y convertirme en una nueva persona. Pero no hay forma de hacer eso por mí misma. Estoy perdida sin ti, Jesús. Así que, por favor, haz que ahora mismo tu Espíritu Santo me muestre lo que tengo que hacer para ponerme en orden contigo, y para solucionar los problemas que tengo con otros. Te agradezco, Señor, que tú seas el Dios de las segundas oportunidades. Te agradezco porque una vez que me arrepiento, tú nunca más tienes presente mi pecado. Gracias; yo sé que puedo experimentar el perdón porque tú fuiste abandonado.

En tu nombre, amén.

Con amor,

Tu princesa, que ha regresado a ti

Mi Rey,
TÚ ERES MI RECOMPENSA

*S*eñor, tú eres mi verdadero tesoro y mi recompensa en la vida. Sin embargo, las recompensas que el mundo ofrece (el aplauso de la gente, la aprobación de otros, y aún el propio orgullo) pueden brotar fácilmente adentro y concitar mi atención. Deseo permitir que tú recibas toda la alabanza por cualquier cosa que yo haga. Anhelo que mis acciones glorifiquen a mi Rey: tú. Mi recompensa es tu maravillosa presencia en mi vida.

Estoy dispuesta a acumular recompensas celestiales y tesoros eternos. No permitas que olvide jamás que la mayor recompensa de todas es pasar la eternidad contigo. Perdóname por tratar de gratificarme a mí misma y por intentar tantas veces invertir en el «aquí y ahora» más que en tu Reino, que permanecerá para siempre. Ser llamada tu hija constituye un gran honor, el que atesoro. Gracias por todas las bendiciones extra que me concedes.

En el nombre de Jesús, amén.

Con amor,

Tu princesa, que te atesora

Porque el Hijo del hombre ha de
venir en la gloria de su Padre
con sus ángeles, y entonces
recompensará a cada persona
según lo que haya hecho.

MATEO 16:27

Mi Rey,

POR FAVOR, DIRÍGEME
EN EL CAMINO

*S*eñor, quiero que seas mi guía; necesito tu dirección divina. Sin embargo, muchas veces he andado errante fuera del camino angosto que tú has preparado para mí, a precio de la vida de tu Hijo. De alguna manera siento que mi camino es mejor que tu voluntad, que mi diversión es más importante que la fe. Olvido que tú, mi Padre, sabes qué es lo mejor para mí. Así que cuando me alejo de ti, hazme oír el susurro de tu Espíritu Santo diciéndome: «Sígueme, yo soy el camino». Hazme reconocer tu orientación para mi vida.

Estoy dispuesta a dejarme dirigir por ti. Estoy lista para andar contigo, guiada por tu Palabra, dando un paso a la vez. Deseo mantenerme en la senda que me lleva hacia ti cada día, cada minuto, hasta que llegue a tu presencia al otro lado de la eternidad.

En el nombre de Jesús, amén.

Con amor,

Tu princesa, que necesita y desea tu conducción

GRACIAS A DIOS QUE EN CRISTO SIEMPRE NOS LLEVA TRIUNFANTES Y, POR MEDIO DE NOSOTROS, ESPARCE POR TODAS PARTES LA FRAGANCIA DE SU CONOCIMIENTO.

2 CORINTIOS 2:14

Mi Rey,
POR FAVOR, HAZME
HERMOSA

*S*eñor, ¡pierdo tanto tiempo tratando de parecerles bella a los demás! Quiero que mi carácter refleje tu belleza. Líbrame de tratar de moldearme a mí misma basándome en los patrones del mundo. Permíteme verte a ti en el espejo: el artista, mi maestro maquillador. Delinea mis labios con palabras de vida y sombrea mis ojos con compasión. Cubre mis imperfecciones con tu gracia y mis inseguridades con seguridad en ti. ¿Quién podría embellecerme más que tú? Nada puede hacerme más atractiva para los demás que la obra que realiza tu Espíritu dentro de mí. Te alabo por crearme a tu imagen y por seguir recreándome para que me parezca más a ti. Cada día te busco. Te pido que me hagas completamente nueva en lo espiritual, para que cuando la gente me mire vea tu hermosura, tu amor, y tu irresistible don de la salvación.

En el nombre de Jesús lo pido.

Con amor,

Tu princesa, que anhela reflejar tu belleza

Que la belleza de ustedes no sea
la externa, que consiste en
adornos tales como peinados
ostentosos, joyas de oro y vestidos
lujosos. Que su belleza sea más
bien la incorruptible, la que
procede de lo íntimo del corazón
y consiste en un espíritu suave y
apacible. Esta sí tiene mucho
valor delante de Dios.

1 PEDRO 3:3-4

DURANTE TODOS LOS DÍAS
DE TU VIDA,
NADIE SERÁ CAPAZ DE
ENFRENTARSE A TI.
ASÍ COMO ESTUVE
CON MOISÉS,
TAMBIÉN ESTARÉ CONTIGO;
NO TE DEJARÉ
NI TE ABANDONARÉ.

JOSUÉ 1:5

Mi Rey,
ERES EL QUE ESTÁ
CONMIGO SIEMPRE

*S*eñor, tu Palabra promete que tú estarás siempre conmigo. Pero a veces todavía me siento muy sola en este mundo. Por favor, hazme sentir que tú estas siempre conmigo en todo lugar al que me dirija. Permíteme ser reconfortada por saber que tú eres todo para mí: mi fortaleza cuando soy débil, mi refugio, mi amigo, mi Padre y mi Rey. Perdóname por dudar de que tu santa presencia esté en mi vida. Ayúdame a descubrir que tú puedes llenar ese vacío interior siempre que te lo pido. Ayúdame a recordar que nunca estoy sola porque el Dios de los cielos y la tierra vive dentro de mi y me ama más de lo que puedo imaginar. Gracias porque nunca me dejarás ni me desampararás. Gracias por ser el amigo que viene a mí cuando el mundo me abandona. Estoy muy agradecida a ti por ser mi Dios y por poder tener una preciosa relación contigo.

En el nombre de Jesús, amén.

Con amor,

Tu princesa, que está agradecida de que estés aquí

Mi Rey,
QUE PUEDA ENCONTRAR
MI LIBERTAD EN TI

*S*eñor, tu Palabra dice que yo soy libre porque soy tuya, pero a veces no me siento libre. Tú conoces esos lugares ocultos de mi corazón que me mantienen encerrada en una celda, en una prisión privada que se llama dolor. Estoy desesperada por ver brillar tu luz de esperanza y de sanidad en mis oscuros lugares de sufrimiento. Necesito que me enseñes las claves de la libertad que se hallan escondidas en tu Palabra. Bendice mi obediencia y condúceme del cautiverio a la verdadera libertad. Dame el valor de permitirte abrir el candado que sujeta las cadenas que me mantienen como rehén. Elijo en este día salir de mi oscuro y privado sufrimiento personal y caminar en fe hacia la libertad. Voy a romper con todas aquellas cosas que no tengan que ver con tu perfecta voluntad para mi vida, y creeré que tus promesas son verdad. ¡Aquél al que el Hijo ha libertado, es verdaderamente libre!

En el nombre de Jesús te lo pido.

Con amor,

Tu princesa, que está dispuesta a ser liberada

Ahora bien, el Señor es el Espíritu;

y dónde está el Espíritu del Señor,

allí hay libertad.

2 CORINTIOS 3:17

Pero no me avergüenzo,

porque sé en quién he creído,

y estoy seguro de que tiene poder

para guardar hasta aquel día

lo que le he confiado.

2 TIMOTEO 1:12

Mi Rey,
ENCOMIENDO A TU CUIDADO
A AQUELLOS
QUE AMO

*S*eñor, deseo con desesperación desechar mis temores y preocupaciones acerca de aquellos que amo. A menudo me descubro temerosa con respecto a su futuro, a su salud, y a su seguridad. No quiero verlos heridos o sufriendo. Sin embargo, sé que tú no me has llamado a proteger a mis seres queridos a través del temor, sino por la fe y en oración. Así que, por favor, Señor, ayúdame a recordar que tu amas a mi familia y a mis amigos más que yo. Ayúdame a descansar sobre la realidad de que te pertenecen solo a ti. Cuando les suceden cosas difíciles a los que amo, ayúdame a confiar en tu promesa de hacer que todas las cosas obren para bien de aquellos que son tuyos. Elijo ahora mismo cambiar mi temor por fe en tu amor y en la protección que extenderás sobre sus vidas.

Te lo pido en el nombre de Jesús.

Con amor,

Tu princesa, que entrega sus amados en tus manos

Mi Rey,
TÚ ERES MI REDENTOR

*S*eñor, a veces miro hacia atrás y lamento los días que perdí por no vivir para ti. Permití que muchas circunstancias interfirieran en nuestra relación de amor. Dejé que las personas y el dolor me mantuvieran paralizada, incapaz de vivir como tu princesa. Estoy muy agradecida de que tú recibas lo que puedo entregarte ahora, y lo que me queda de tiempo aquí sobre la tierra, para utilizarlo en tu Reino. Estoy contenta de que me uses para acabar la obra que, desde el principio de los tiempos, determinaste que yo realizara. Y te alabo por haber podido redimir los días perdidos, Señor. Ayúdame a soltar lo que ha sido mal hecho y a aferrarme al futuro con mi esperanza en ti y un corazón lleno del gozo por tu salvación.

Te lo pido en el nombre de Jesús.

Con amor,

Tu princesa, que encuentra esperanza en ti

Pero ahora, así dice el SEÑOR…

«No temas, que yo te he redimido,

te he llamado por tu nombre;

tú eres mío.

ISAÍAS 43:1

Mi Rey,
ERES MI COMANDANTE
EN LA BATALLA

Señor, ayúdame a recordar, a medida que deba enfrentar los desafíos de la vida, que estamos en medio de una guerra espiritual invisible y que mis verdaderas batallas no son contra la gente, sino contra las tinieblas del enemigo. Envía tu Santo Espíritu para darme sabiduría de modo que sea capaz de descubrir cuáles son los problemas por los que vale la pena luchar; enséñame a alejarme de las batallas sin sentido; y recuérdame que la mejor manera de ganar los combates que enfrento en la vida es sobre mis rodillas, en oración. Estoy cansada de luchar en mis propias fuerzas, y de perder terreno frente a Satanás. Estoy dispuesta a permitirte ser el comandante de mi vida para que tú me des la victoria que tan ardientemente anhelo lograr. Rindo todo a ti hoy y te permito pelear por mi. Si tú estás conmigo, sé que nada me podrá destruir. Gracias por ser mi héroe.

Te lo pido en el nombre de Jesús.

Con amor,

Tu princesa, a la que le encanta que tú pelees por tus hijos

«No será por la fuerza ni por ningún
poder, sino por mi Espíritu,
dice el SEÑOR Todopoderoso».

ZACARÍAS 4:6

Cada uno ponga al servicio de los

demás el don que haya recibido,

administrando fielmente la gracia

de Dios en sus diversas formas.

1 PEDRO 4:10

Mi Rey,
EL QUE ME DA DONES

Señor, deseo que mi vida sea un don para todos los que conozco y amo. Necesito que tú me ayudes a superar mis inseguridades, y que desenvuelvas en mí a la persona que me has destinado a ser. Muéstrame cómo servir a otros. Deseo ser una bendición y no una carga. Llévame a descubrir mis dones y la manera de usarlos. Perdóname por utilizar los dones que sé que tengo para alcanzar gloria para mí misma y no para ti. Perdóname por dedicar tanto esfuerzo a tratar de impresionar a los demás en lugar de procurar bendecirlos con aquello que tú me has dado. Hoy yo quiero ofrecerte un regalo. Quiero entregarte todo lo que soy y todo lo que tengo para que sea usado en aquellos del mundo a los que tú has amado tanto, al punto de morir por ellos. Gracias por amarme con tu vida y por darme el regalo de la salvación.

Lo pido en tu nombre.

Con amor,

Tu princesa, que desea usar sus dones

El Señor es mi fuerza

y mi cántico;

él es mi salvación.

él es mi Dios, y lo alabaré.

ÉXODO 15:2

Mi Rey,
TÚ ERES LA CANCIÓN
DE MI VIDA

*S*eñor mi Dios, me encanta el hecho de que hayas compuesto la música de mi vida. Has colocado cada nota de manera que yo pueda escuchar a tu maravilloso Espíritu susurrarme dulces canciones. Me encanta sentir tu presencia cuando te alabo y adoro a través de cánticos de amor. Gracias porque, a través de tu Espíritu, tú pones una canción de alegría en mi vida y la paz del cielo en mi interior. Estoy muy agradecida por esta composición eterna, con sus arreglos, que has creado solo para mí, para que sea ejecutada a lo largo de mi vida. Haz que nunca haga oídos sordos a la maravillosa música de tu amor. Que mi corazón esté siempre lleno de esa melodía celestial de amor que tú has compuesto solo para mí.

En el nombre de Jesús, amén.

Con amor,

Tu princesa, que ama tus melodías celestiales.

Mi Rey,
EL QUE HACE DE MI CASA
UN HOGAR

*S*eñor, tú sabes cuánto deseo que mi hogar sea perfecto en todo sentido. Quiero decorarlo y rodearme de hermosos accesorios y mobiliario. Y sé que a ti te encanta bendecirme. Pero ayúdame a preocuparme más por tu presencia en mi hogar que por la decoración. Perdóname por las veces en que he hecho sentir a mi familia y a mis amigos que las cosas de mi casa eran más valiosas que la gente a la que más amo. Muéstrame cómo cuidar de las personas de mi hogar más que de las cosas que poseo. Ayúdame a hacer de mi hogar un refugio seguro en un mundo cruel. Llena mi casa de tu amor y de tu paz, en tanto que yo la llenaré de música y de alabanzas a ti. Dame un corazón que anhele servirte y haz que mi familia se sienta amada y cuidada por mí.

En el nombre de Jesús, amén.

Con amor,

Tu princesa, que ama la manera en que embelleces su vida

LE CONTESTÓ JESÚS:
—EL QUE ME AMA, OBEDECERÁ MI PALABRA, Y
MI PADRE LO AMARÁ, Y HAREMOS NUESTRA
VIVIENDA EN ÉL.
JUAN 14:23

Mi Rey,
PERMÍTEME SER TUS
MANOS

*S*eñor, enséñame a alcanzar con tu amor a aquellos que pasan necesidad. Dame ojos para ver a los que están heridos, y un corazón tierno para ayudarlos. Concédeme la fortaleza para hacer todo lo que tú deseas que haga. Úsame para realizar tu obra en este mundo. Por favor, guíame y bendice todo lo que me propongo hacer cada vez que tú me llamas a amar a mi prójimo.

Y mientras trabajamos juntos tú y yo, no me permitas olvidar que es tu obra a través de mí la que lleva a cabo tu voluntad. Separada de ti no puedo hacer nada. Así que te pido, Espíritu Santo, que unjas mis manos y las uses para la obra del Reino en la vida de las personas que conozco.

En el nombre de Jesús, amén

Con amor,

Tu princesa, cuyas manos están dispuestas a ser usadas

Pues el S<small>EÑOR</small> tu Dios

bendecirá toda tu cosecha

y todo el trabajo de tus manos.

Y tu alegría será completa.

D E U T E R O N O M I O 16:15

SEÑOR, *ponme en la boca*

un centinela; un guardia

a la puerta de mis labios.

SALMO 141:3

Mi Rey,
UNGE MI BOCA

Señor, soy muy consciente del daño que con facilidad puedo hacer con las palabras que digo. El poder de la vida y la muerte está verdaderamente en mi lengua, y demasiado a menudo elijo hablar palabras de muerte. Perdóname por usar mis palabras para condenar en lugar de consolar, para herir en lugar de sanar, para alejar a otros cuando podría elegir, en cambio, edificarlos.

Como el rey David, te pido que me guardes en lo que diga. Que tu Espíritu Santo ponga convicción en mí antes de que pronuncie palabras que no son agradables delante de tu presencia. Enséñame a hablar como esa princesa que me has llamado a ser, y pon en mí expresiones que sanen a aquellos a los que he herido con mi forma despreocupada de conversar.

En el nombre de Jesús, amén.

Con amor,

Tu princesa, que anhela hablar con gracia

Mi Rey,

AQUEL EN QUIEN

DEPOSITO MI CONFIANZA

*S*eñor, siento como si estuviera en la montaña rusa. Por unos instantes camino erguida, creyendo lo que tú dices acerca de mí (que me has hecho de una manera tremenda y maravillosa), pero luego clamo desde mi interior buscando la aprobación de la gente. Te pido que me reveles la raíz que causa esta inseguridad en mí y que me enseñes a caminar por la vida en tu verdad y poder; no *una parte* del tiempo, sino *todo* el tiempo. No quiero hacer mi viaje por la vida en un asiento de perdedora, atascada en las huellas que marca la opinión de la gente. Deseo mantener mis ojos fijos en ti; quiero existir solo por ti y buscar únicamente tu aprobación. Anhelo vivir con confianza, sintiéndome una hija tuya redimida y una princesa amada.

En el nombre de Jesús, amén.

Con amor,

Tu princesa, que encuentra su confianza y fortaleza en ti

Pues Dios no nos ha dado
un espíritu de timidez,
sino de poder, de amor
y de dominio propio.

2 TIMOTEO 1:7

PRESTA OÍDO, SEÑOR, A MI ORACIÓN;

ATIENDE A LA VOZ DE MI CLAMOR.

EN EL DÍA DE MI ANGUSTIA TE INVOCO,

PORQUE TÚ ME RESPONDES.

NO HAY, SEÑOR, ENTRE LOS DIOSES

OTRO COMO TÚ, NI HAY OBRAS

SEMEJANTES A LAS TUYAS.

SALMO 86:6-8

Mi Rey,
POR FAVOR, PROTÉGEME

*S*eñor, yo sé que hay batallas espirituales bramando en torno de mí; a veces me atemorizan mucho. Ayúdame a confiar en ti, mi Dios, más de lo que temo el ataque de Satanás. Permíteme aferrarme a tu Palabra y a la verdad de que es mayor el Espíritu que está en mí que el enemigo y sus fuerzas de oscuridad que merodean a mi alrededor. No quiero vivir en temor.

Recuérdame que corra a ti, fortaleza mía, cuando necesito protección. No puedo pelear esta batalla sola. Elijo confiar en ti con la fe de que puedes ocuparte de mí y de todas aquellas cosas que atacan mi vida. Te amo, poderoso Dios, por tu protección y tu provisión. Tú eres maravilloso para mí, y considero una bendición el poder descansar en ti.

En el nombre de Jesús, amén.

Con amor,

Tu princesa, que encuentra paz en tu protección

Mi Rey,
GUÁRDAME DE HACER
CONCESIONES

*S*eñor, mantenme firme en mi compromiso contigo. Ayúdame a alejarme de las tentaciones mundanas. No quiero ser derrotada en la batalla que lleva a cabo el enemigo por ganar mi alma. Alértame con respecto a sus ataques. Concédeme el vivir de una manera diferente a la del mundo. Ayúdame a resistir la tentación de aprovechar algún momento de placeres mundanos solo para encontrarme después lamentándolo toda la vida. Ínstame a mirarte cuando necesito alguna forma de huir, porque tu prometiste en tu Palabra que siempre les proveerías a tus hijos una vía de escape cuando fueran tentados. Haz que tu Espíritu Santo me dé convicción de pecado y ponga en mi corazón el deseo de ser obediente a tu Palabra. Y, por favor, perdóname por esas ocasiones en que permito que la tentación me aleje de ti. Te amo y anhelo hacer lo que es recto ante tus ojos.

En el nombre de Jesús, amén.

Con amor,

Tu princesa, que necesita tu fortaleza para andar tus caminos

Vigilen y oren para que
no caigan en tentación.
El espíritu está dispuesto,
pero el cuerpo es débil.

MARCOS 14:38

Que por fe Cristo habite

en sus corazones.

Y pido que, arraigados

y cimentados en amor,

puedan comprender...

el amor de Cristo.

EFESIOS 3:17-18

Mi Rey,
EL GRAN JARDINERO DE MI VIDA

Señor, ayúdame a servirte justo en el preciso lugar en el que me has colocado en esta vida. Ayúdame a dejar de aplazar las cosas que me has llamado a hacer. Quiero amarte con todo lo que soy, amar a la gente que has puesto en mi vida, y presentarles mi fe a otros.

Conozco mi tendencia a esperar hasta que se presente el lugar «perfecto» y el tiempo adecuado para hacer algo grande por ti en la vida. Perdóname por buscar excusas para no vivir para ti hoy. Sé que la vida no será nunca perfecta hasta que esté en mi hogar, en los cielos contigo, y también sé que en este mundo imperfecto es donde hace falta dar a conocer tu amor.

Así que lo que te pido es que me podes y me riegues con tu Palabra para que pueda crecer hasta llegar a ser la mujer que quieres que sea. Úsame para sembrar las semillas de la fe en la vida de los demás del mismo modo en que usaste a otros para plantar la misma simiente en mí.

En el nombre de Jesús, amén.

Con amor,

Tu princesa, que desea crecer y también ayudar a otros a crecer

Mi Rey,
AQUEL CUYOS TIEMPOS
SON PERFECTOS

*S*eñor, sé en mi corazón que tus tiempos son perfectos, pero todavía me siento inquieta en mi espíritu mientras espero. Deseo ver tus planes para mi vida develados *ahora*. Quiero conocer por anticipado lo que tiene el futuro para mí. Se me hace muy difícil no intentar controlar las circunstancias ni manipular las situaciones para que las cosas salgan de la manera en que yo quiero y de acuerdo con mi esquema de tiempo.

Así que, durante estos períodos de espera, modela en mi carácter todo lo que me hace falta para cumplir con tus maravillosos planes para mi vida. No me permitas perder el tiempo mientras espero en ti. Concédeme tu perfecta paz mientras tú me preparas. Dame sabiduría con respecto a cuándo moverme y cuándo permanecer quieta. Recuérdame cada día que tus tiempos son perfectos y que tu plan es para mi eterno bien.

En el nombre de Jesús, amén.

Con amor,

Tu princesa, que elige esperar en tus tiempos

En realidad, para todo lo que se
hace hay un cuándo y un cómo,
aunque el hombre tiene en su
contra un gran problema: que no
sabe lo que está por suceder.

ECLESIÁSTES 8:6

Mi Rey,
SANA MI CORAZÓN

*S*eñor, necesito sentir tu toque sanador. Esta es una de esas ocasiones en las que he quedado paralizada por el sufrimiento de mi corazón. No sé cómo manejar mi pena y mi desilusión; no sé cómo curarme de mis heridas. Pero sé que debo volverme a ti.

Señor, me muero por ti, así que por favor ayúdame a descansar en tu santa y sanadora presencia. Y cuando lo haga, tócame con tu tierna mano que renueva mi espíritu y produce sanidad total. Dame la fortaleza que necesito para aferrarme a ti cuando siento deseos de escaparme.

Yo sé que el enemigo desea vencerme, en especial cuando estoy desanimada. Así que ayúdame a fortalecerme en la fe y confiar en que tú puedes restaurar en mí el gozo de tu salvación, y en que lo harás. Comienza a sanarme ahora y vuelve a darme esperanza y paz interior.

En el nombre de Jesús, amén.

Con amor,

Tu princesa, que desea ser sanada completamente

Restaura a los abatidos
y cubre con vendas sus heridas.
Excelso es nuestro Señor,
y grande su poder;
su entendimiento es infinito.

SALMO 147:3, 5

YA TE LO HE ORDENADO:
¡SÉ FUERTE Y VALIENTE!
¡NO TENGAS MIEDO NI TE DESANIMES!
PORQUE EL SEÑOR TU DIOS TE ACOMPAÑARÁ
DONDEQUIERA QUE VAYAS.

JOSUÉ 1:9

Mi Rey,
CONCÉDEME VALOR

Señor, concédeme el valor que necesito para hacerle frente al enemigo de mi alma; el coraje de hacer lo que es correcto ante tu mirada. Preciso el mismo tipo de coraje que le diste al joven David cuando tuvo que enfrentar a Goliat, valentía que encuentra sus raíces en mi confianza en ti. Dame una fe que me permita vencer a cualquier gigante que intente interferir con tu perfecto plan para mi vida. Ayúdame a plantarme firme a pesar de que el enemigo pueda parecer muy grande.

Sé, Señor, lo débil que me vuelvo cuando intento mantenerme firme en mis propias fuerzas. Soy muy consciente de que necesito el escudo de la fe, la coraza de justicia, el cinturón de la verdad y el poder de tu Espíritu Santo. Gracias por darme todo lo que necesito para ser fuerte y valiente en ti.

En el nombre de Jesús, amén.

Con amor,

Tu princesa, que quiere ser fuerte en ti

Porque tanto amó Dios al mundo,
que dio a su Hijo unigénito, para
que todo el que cree en él no se
pierda, sino que tenga vida eterna.
Dios no envió a su Hijo al mundo
para condenar al mundo,
sino para salvarlo por medio de él.

JUAN 3:16-17

Mi Rey,
TÚ ENVIASTE A TU HIJO
POR MÍ

*S*eñor mi Dios, es tan maravilloso que hayas enviado a Jesús, tu Hijo unigénito, a morir por mí. Apenas puedo entender que tú, que has creado los cielos y la tierra, enviaras a tu único Hijo para darme vida abundante, paz con el Todopoderoso, y la libertad de poder orar a ti. He recibido todo esto porque Jesús, mi Salvador, fue rechazado, perseguido, muerto y abandonado. Señor, tu amor me hace rebosar de contenta. Por favor, perdóname cuando doy por sentado que ese don, ese tremendo sacrificio, tiene que estar allí. Perdóname por las ocasiones en las que me preocupo más por servirme a mí misma que por servirte a ti. No permitas que olvide el precio que mi Jesús pagó por mí en particular, y que me permite vivir solo para ti.

En el nombre de Jesús, amén.

Con amor,

Tu princesa, que se alegra de que hayas enviado a Jesús por ella

Mi Rey,
ERES EL QUE CAMINA
CONMIGO

*S*eñor, me encanta caminar contigo por la vida. Los lugares a los que me llevas me llenan de paz, propósito y alegría. Yo sé que tu camino es el correcto.

Sin embargo, muchas veces deseo andar por las sendas del mundo. Busco experimentar las cosas excitantes de la vida. Realmente hay una lucha en mi alma. Una parte de mí anhela no desviarse nunca de tu camino de vida eterna, pero la otra parte muy fácilmente se enrumba hacia el sendero de los placeres mundanos y la autodestrucción.

Sin embargo, tú aún me amas. Y estoy sorprendida por las tantas veces en que vienes y me buscas cuando pierdo el rumbo. ¡Qué fiel eres conmigo, a pesar de que yo me aleje de ti muchas veces! Así que aquí estoy otra vez, pidiéndote, mi Padre celestial, perdón y tu divina dirección para volver a la senda que me lleva de regreso al hogar, a ti.

En el nombre de Jesús, amén.

Con amor,

Tu princesa, que quiere caminar cada paso contigo

YO SOY LA LUZ DEL MUNDO.
EL QUE ME SIGUE NO ANDARÁ EN TINIEBLAS,
SINO QUE TENDRÁ LA LUZ DE LA VIDA.
JUAN 8:12

Mi Rey,
ERES MI DISEÑADOR DIVINO

*S*eñor, mi corazón experimenta una carga cuando veo el guardarropa que promueve este mundo y la manera en que las mujeres usan las prendas para llamar la atención y sentirse valoradas. ¡Sin embargo, me confieso culpable de vestir algunas de esas cosas yo misma! Por favor, ayúdame a dejar de conformarme al mundo; ya no quiero más que mi persona sea definida por el estilo de algún diseñador de moda.

Señor, pon en mí convicción con respecto a la ropa que tengo en mi ropero que me da una apariencia diferente a la que debería tener una princesa tuya. Líbrame de convertirme en una esclava de la moda del mundo, y a vestirme en cambio con los atributos de mi Salvador. Y luego úsame para establecer tendencias de santidad y pureza.

De ahora en adelante, que todo lo que yo use refleje mi compromiso contigo. Usa mi identidad en ti para tocar los corazones de la gente que me rodea. Yo quiero representarte a ti con una moda que sea de creación divina, más que a aquellas tendencias impías que este mundo propone.

Estoy dispuesta a ser tu modelo de vida para aquellos que me rodean.

En el nombre de Jesús, amén.

Con amor,

Tu princesa, que desea vestirse para ti

Me deleito mucho en el Señor;

me regocijo en mi Dios.

Porque él me vistió con ropas

de salvación y me cubrió con el

manto de la justicia.

Soy semejante a un novio

que luce su diadema,

o una novia adornada

con sus joyas.

Isaías 61:10

La paz les dejo; mi paz les doy.

Yo no se la doy a ustedes

como la da el mundo.

No se angustien ni se acobarden.

JUAN 14:27

Mi Rey,
ERES AQUEL QUE QUITA
MIS TEMORES

Señor, siempre que tenga miedo, ayúdame a confiar en ti. Transforma mi temor, sea lo que fuere que lo cause, en fe en ti.

Señor, parecería que hay muchas razones por las que sentir miedo, y a veces eso me abruma. Me angustio a causa del temor al desastre, del temor al futuro. Temo por mi familia, por mis amigos, por mi trabajo y por mi vida. ¡La lista parece interminable!

Sin embargo sé que no deseas que transcurra mi existencia impulsada por el temor. Quieres que descanse en ti. Recuérdame siempre quién es el que extiende su mano de protección para cubrirme. Guárdeme en tu perfecta paz. Cuando mi mente gire y gire fuera de control por las preocupaciones, dame la capacidad de dejar de ser alguien que se angustia por todo y convertirme en una guerrera de oración. Hazme caminar por la vida conociendo lo que es la perfecta paz, sin importar lo que ocurra alrededor de mí

En el nombre de Jesús, amén.

Con amor,

Tu princesa, que elige confiar en ti por encima de sus temores

Mi Rey,
TÚ ERES LA VERDAD

*S*eñor, que tu verdad sofoque las mentiras del mundo con respecto a lo que se espera que yo sea. Nunca quiero olvidar el día en que te pedí que fueras mi Señor y Salvador, el día en que me convertí en una hija del Rey, en tu princesa. Te alabo porque mi nombre está escrito en tu libro de la vida eterna. ¡Qué bendecida he sido al ser llamada por ti!

Gracias porque tu verdad deja expuestas las mentiras de Satanás y porque tu Palabra es la autoridad máxima e inmutable sobre mi vida. Ayúdame a pararme firmemente en tu Palabra cada vez que me siento poco valiosa; ayúdame a aceptar tu perfecto amor cada vez que me siento rechazada; y ayúdame a encontrar mi confianza en ti cada vez que me siento insegura.

Escribe en mi corazón las verdades que leo en la Biblia acerca de quién soy, cuánto me amas, y de que en realidad estoy aquí para glorificarte a ti, mi Dios.

En el nombre de Jesús, amén.

Con amor,

Tu princesa, que aprecia tu verdad

En él también ustedes,
cuando oyeron el mensaje de la
verdad, el evangelio que les trajo
la salvación, y lo creyeron, fueron
marcados con el sello que es el
Espíritu Santo prometido.

EFESIOS 1:13

AL DE CARÁCTER FIRME
LO GUARDARÁS EN
PERFECTA PAZ,
PORQUE EN TI CONFÍA.

Isaías 26:3

Mi Rey,
TÚ ERES MI PERFECTA PAZ

*S*eñor, gracias por la perfecta paz que he llegado a conocer en ti, una paz que sobrepasa toda comprensión humana. Yo he sido muy bendecida al conocerte personalmente y al vivir una vida de paz en este mundo de confusión y caos.

Te amo por todas las veces que me has ayudado a atravesar problemas que podrían haberme desbordado. Y te amo por todas aquellas ocasiones en que yo clamé a ti y tú respondiste. Gracias por las veces en que creí que no había salida y tú abriste camino. Te alabo por tu maravillosa paz.

Señor mi Dios, la próxima vez que mi paz se quiebre a causa de los problemas que se presentan, recuérdame que siempre estás ahí y te ocupas de todo lo que tiene que ver conmigo. Quiero alabarte al atravesar las situaciones dolorosas para poder descansar en tu perfecta paz.

En el nombre de Jesús, amén.

Con amor,

Tu princesa, cuyo corazón halla descanso en ti

Mi Rey,
QUIERO CORRER A TUS BRAZOS

*S*eñor, he estado corriendo hacia cualquier persona y en cualquier dirección, menos hacia ti. Mientras tanto tu mirabas, esperabas, y deseabas que yo acudiera a ti. Por favor, perdóname por ignorar tu amoroso llamado. No sé por qué me resulta tan difícil ir a ti en primer lugar. Nadie puede encargarse de mí ni de las cuestiones de mi vida mejor que tú. Lamento, Señor, haber elegido otras cosas, otras relaciones, otras actividades, otros intereses, por encima de ti.

¡Señor, te necesito tanto ahora! Deseo pasar tiempo contigo otra vez. Estoy dispuesta a elegir tu amor por encima de mi amor por el mundo. Deseo que seas tú aquel al que puedo correr cuando celebro algo, cuando lloro o estoy en crisis; así que he decidido regresar a ti ahora.

Gracias porque tus brazos están siempre ampliamente abiertos para tu hija. Gracias porque tú nunca me das la espalda. ¡Qué bendecida soy al tener un Papá que nunca está demasiado ocupado para escucharme, que nunca se ausenta, y que siempre quiere abrazarme.

En el nombre de Jesús, amén.

Con amor,

Tu princesa, que desea estar cerca de ti

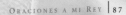

El Dios sempiterno es tu refugio,

por siempre te sostiene

entre sus brazos.

DEUTERONOMIO 33:27

Él será la seguridad

de tus tiempos,

te dará en abundancia salvación,

sabiduría y conocimiento;

el temor del Señor

será tu tesoro.

ISAÍAS 33:6

Mi Dios,
TÚ ERES MI TESORO
ETERNO

*S*eñor, ayúdame a colocar mis ojos en el tesoro eterno que tú has guardado en el cielo para mí. Líbrame de realizar esfuerzos sin sentido para acumular cosas mundanas que no durarán. Tú sabes cuánto lucho diariamente con mi tendencia a querer más, y a trabajar por obtener más cosas, en la creencia de que necesito más de lo que tengo. Pero entonces entro en tu presencia y me doy cuenta de que mi verdadero tesoro eres tú.

Recuerdo que tu verdad me dice que he venido al mundo sin nada, y que partiré de él también sin nada. Recuerdo tu promesa sobre las recompensas que deseas darme cuando entre a tu Reino, a mi hogar celestial. Concédeme un corazón que anhele acumular tesoros en el cielo. Permíteme vivir para aquel día en que nos veremos el uno al otro cara a cara. ¡Qué tesoro será vivir ese precioso día!

En el nombre de Jesús, amén.

Con amor,

Tu princesa, que te aprecia

Mi Rey,
ERES EL NOVIO

*S*eñor, espero con gran ansiedad ese gran día en que celebraremos, en el cielo, la gran fiesta de bodas que has preparado personalmente para mí. Ayúdame a recordar que soy la novia de Cristo. Dame lo que necesito para prepararme para el día de mi boda eterna, en el que seré presentada a ti. Guarda la llave de mi corazón y mantenme en fidelidad mientras espero que llegue ese maravilloso momento. Vísteme de justicia y preséntame pura y santa. Ayúdame a hacer todo lo que esté de mi parte para ser la esposa que tú deseas. ¡Y haz que nunca olvide que mi primer amor eres tú!

En tu nombre precioso, amén.

Con amor,

Tu princesa, la que será tu desposada

«¡Alegrémonos y regocijémonos
y démosle gloria! Ya ha llegado el
día de las bodas del Cordero.
su novia se ha preparado,
y se le ha concedido vestirse
de lino fino, limpio
y resplandeciente».

APOCALIPSIS 19:7-8

Mi Rey,
HAZME LIBRE PARA QUE
PUEDA AMAR A OTROS

*S*eñor, tú me pides que ame a otros y yo deseo hacerlo del mismo modo en que tú me amas: libre y generosamente, sin que cruce por mi mente el más mínimo pensamiento de recibir algo en retribución. Pero temo salir herida. Por favor, libérame de mi temor al rechazo. Por favor, dame la capacidad de amar a la gente al máximo, aun cuando algunos merezcan el mínimo. Muéstrame cuándo debo quedarme en algún lugar y cuándo debo irme. Ayúdame a entregar mi amor *incondicionalmente*. Y mantenme tan cerca de ti que no necesite ser satisfecha por nadie que no seas tú. Quiero considerarte mi primer amor. Deseo que tu Espíritu me llene hasta desbordar, de modo que pueda entregar lo tuyo a un mundo que tiene una necesidad desesperada de ser amado y valorado.

En el nombre de Jesús, amén.

Con amor,

Tu princesa, que desea difundir tu amor

—"Ama al Señor tu Dios con todo
tu corazón, con todo tu ser y con
toda tu mente"
—le respondió Jesús—.
Este es el primero y el más
importante de los mandamientos.
El segundo se parece a este:
"Ama a tu prójimo
como a ti mismo".

MATEO 22:37-39

«*Porque yo sé muy bien
los planes que tengo para ustedes
—afirma el Señor—,
planes de bienestar y no de
calamidad, a fin de darles un
futuro y una esperanza*».

JEREMÍAS 29:11

Mi Dios,
MUÉSTRAME TUS PLANES
PARA MÍ

*S*eñor, deseo hacer muchas cosas en mi vida, y anhelo ver mis sueños cumplidos. Pero en demasiadas ocasiones no voy a ti con mis esperanzas y sueños. No oro en busca de tu perfecto plan.

Por favor, perdóname cuando olvido que tú eres Dios y yo no; perdóname cuando olvido que te he nombrado el Señor de mi vida y sin embargo actúo como si yo fuera el señor. Recuérdame que tus caminos son mejores que los míos. Señálame mi pecado cuando planeo la vida que tú me has dado dejándote fuera de esos planes.

Hoy te entrego mis planes, mis ideas, mis sueños, y mis metas, y te pido, mi Padre, que me muestres lo que deseas que haga con mi vida. Ayúdame a mantener mis ojos en ti. Tu puedes hacer más de lo que yo me atrevo a soñar y aun a pedir. Anhelo para mí tu camino y tu perfecta voluntad.

Lo pido en el nombre de Jesús.

Con amor,

Tu princesa, que desea cumplir tu voluntad

El Señor le respondió a Moisés:

—¿Acaso el poder del Señor

es limitado?

¡Pues ahora verás si te cumplo

o no mi palabra!

Números 11:23

Mi Rey,
CONTIGO PUEDO
HACERLO TODO

*S*eñor, quiero ver tu poder desplegado en mi vida. Tu Palabra dice que nada resulta demasiado grande como para que no puedas manejarlo, ¡y que *nada* es imposible para ti!

Pero, Señor, todavía me debato en el conflicto de creer que tus promesas sean para mí personalmente. Deseo ser una mujer de fe, una mujer que confía en ti en cada situación. Por favor, haz que el poder y la verdad de tu Palabra se vuelvan muy reales para mí.

Señor, por favor, concédeme la capacidad de hacer las buenas obras que tú has planeado para mí. Ayúdame a no perder ni una sola oportunidad de servirte y de servir a tu pueblo; ayúdame a no dejar de ver ni uno solo de los milagros que realizas en mi vida y en la de aquellos que me rodean. Y, Señor, permite que mi vida refleje ante al mundo que tú eres el Rey de reyes y el Dios de los milagros.

En el nombre de Jesús, amén.

Con amor,

Tu princesa, que clama por tu poder

Mi Rey,
TÚ ERES EL LABRADOR

*S*eñor, estoy muy agradecida por haber sido conectada a ti por la eternidad. Sé que fuera de ti no puedo hacer nada que realmente tenga significado. Así que, por favor, muéstrame cómo *mantenerme* unida a ti.

Haz que te permita ser el jardinero de mi vida. A veces, cuando tu me podas, me enojo y me resisto. Deseo que tú me lleves a crecer para ser la persona que tú has planeado. Anhelo ser fructífera y vivir en integridad. Así que, recuérdame que mi carácter es más importante que mi comodidad. Y que cuando me mantengo fiel a ti, tu amor desciende profundamente hasta el suelo de mi alma y continúa haciéndome crecer hasta llegar a convertirme en la mujer que deseo ser, una verdadera hija del Rey, ¡tu hija!

En el nombre de Jesús, amén

Con amor,

Tu princesa, que desea llevar fruto para tu reino.

«YO SOY LA VID VERDADERA,
Y MI PADRE ES EL LABRADOR.
TODA RAMA QUE EN MÍ NO
DA FRUTO, LA CORTA; PERO
TODA RAMA QUE DA FRUTO
LA PODA PARA QUE
DÉ MÁS FRUTO TODAVÍA.
JUAN 15:1-2

Mi Dios,

ERES MI MEJOR AMIGO

Señor, te amo. Verdaderamente eres mi mejor amigo. Me llenas de ti cuando me siento sola y vacía. Me consuelas cuando lloro. Te ocupas de mí de una manera en que nadie más lo hace. Tú me conoces, y sabes de mis caídas mejor que cualquiera, sin embargo, aun así me amas.

Y yo sé que tú estás conmigo dondequiera que vaya. ¡Qué *bendecida* me siento al verme acompañada por el creador de los cielos y la tierra en mi paso por la vida!

No permitas que jamás olvide que tú estás conmigo siempre hasta el fin de los tiempos. Graba en mi mente el recuerdo de los momentos en que tú me amaste cuando yo era inmerecedora de tu amor, y de todas las veces en que me perdonaste cuando pequé contra ti. Que nunca me olvide dónde estaba cuando te conocí, y cuánto me has hecho avanzar en la vida.

Gracias por perdonar mis pecados. Gracias por tu presencia constante. Gracias por ser mi amigo fiel, que nunca me deja ni me abandona.

En el nombre de Jesús, amén.

Con amor,

Tu princesa, que te ama cada día más

«Dios del cielo, grande y temible,

que cumples el pacto

y eres fiel con los que te aman

y obedecen tus mandamientos».

NEHEMÍAS 1:5

El SEÑOR da vista a los ciegos,

el SEÑOR sostiene a los

agobiados,

el SEÑOR ama a los justos.

SALMO 146:8

Mi Dios,
EL QUE ME DA LA VISTA

*S*eñor, abre mis ojos espirituales para que pueda ver desde un punto de vista eterno qué es lo que te interesa más a ti. Permíteme apreciar la belleza de tu creación que me rodea. Que sea capaz de reconocer las citas divinas que tú has establecido para mí. Permíteme descubrir en las personas con las que me encuentro a aquellos a los que tú amas y por los que Jesús ha muerto.

Ayúdame a sacar los ojos de mis circunstancias y a apoyarme en ti. No quiero ser ciega por más tiempo debido a los sufrimientos y problemas de mi vida. No quiero perder mi vista espiritual por las mentiras que Satanás intenta colocar en mi mente. Yo sé que necesito mirarte a ti y a tus verdades para que estas sean lámpara a mis pies, y una linterna cuando siento que estoy en medio de la oscuridad.

Señor, tú me diste la vista cuando me creaste, y ahora te pido que me des una visión sobrenatural para ver el mundo del modo en que tú lo percibes, y también fuerzas sobrenaturales para servir del modo en que tú me serviste.

Lo pido en el nombre de Jesús.

Con amor,

Tu princesa, que desea ver las cosas del modo en que tú las ves

Mi Rey,
GUARDA MI MENTE

*S*eñor, quiero que mi mente se centre firmemente en ti, pero lucho cada día por escoger entre lo que sé que es correcto y lo que deseo hacer. A veces descubro que es muy difícil alejarme de los placeres mundanos, aunque sé que lo que leo, miro o escucho representa todo aquello de lo que no quiero formar parte.

Dame profundas convicciones para vivir de un modo que te honre. Renueva mi mente mientras leo tu Palabra. Sacúdeme cuando al procurar recreación o relax me vuelvo descuidada, y permito que mi mente se contamine.

Ya no quiero ser mitad tuya y mitad del mundo. Deseo ser completamente *tuya*. Revélame cuáles son aquellas cosas que permito que entren en mi mente y que me alejan de ti e interfieren con tus planes para mí. Y luego concédeme la fortaleza para alejarme de ellas y otra vez volver a fijar mi pensamiento en ti.

En el nombre de Jesús, amén.

Con amor,

Tu princesa, que quiere colocar su mente en ti

No se amolden al mundo actual,
sino sean transformados
mediante la renovación
de su mente.
Así podrán comprobar cuál es
la voluntad de Dios,
buena, agradable y perfecta.

ROMANOS 12:2

PERO TE HE DEJADO CON
VIDA PRECISAMENTE PARA
MOSTRAR MI PODER,
Y PARA QUE MI NOMBRE
SEA PROCLAMADO POR
TODA LA TIERRA.

ÉXODO 9:16

Mi Rey,
QUE PUEDA VIVIR MI
REALEZA SEGÚN TUS
PROPÓSITOS

*S*eñor, anhelo ser elevada a un lugar de influencia para ti. Deseo que mi vida produzca algo significativo para tu Reino. Así que te pido que me prepares para la realeza a la que me has llamado, y que guíes mis pasos hacia tus propósitos.

Estoy lista para abandonar lo que sea necesario para afirmar mi postura con respecto al nombre que es sobre todo nombre: *Jesús*. Admito, sin embargo, que no sé en realidad por dónde comenzar, y ni siquiera entiendo qué significa vivir como una princesa tuya. Pero sí sé que debo buscarte, confiando en que tú me muestres el camino y me proporciones todo lo que me hace falta para cumplir con el llamado real que hay sobre mi vida.

Así que te ruego que, en tiempos como estos, me uses de una manera poderosa, como lo hiciste con la reina Ester.

En el nombre de Jesús te lo pido.

Con amor,

Tu princesa, que está dispuesta a ser usada por ti

Mi Dios,
ENSÉÑAME A ORAR

*S*eñor, quiero aprender a orar con poder. Deseo hacer *mucho más* que simplemente clamar por mis necesidades personales. Yo soy tu hija. Quiero estar en comunión constante contigo, y anhelo ser una mujer que ora con propósito y produce la intervención divina.

Así que te pido que despiertes mi espíritu y me enseñes a orar. Úrgeme a interceder audaz y vigorosamente por otros. Recuérdame que me acerque a tu trono con confianza y coherencia. No quiero que el diablo destruya a cualquier persona o que gane terreno en este mundo en tanto que tú me has dado el poder de orar en el nombre de Jesús. Perdóname por las ocasiones en que he descuidado la oración o me he alejado del privilegio y la responsabilidad que el orar implica.

Estoy dispuesta a ser una princesa guerrera de oración para ti.

En el nombre de Jesús. Amén.

Con amor,

La princesa a la que amas y que está dispuesta a orar.

Oren en el Espíritu en todo

momento, con peticiones y ruegos.

Manténganse alerta y perseveren

en oración por todos los santos.

EFESIOS 6:18

A medianoche me levanto
a darte gracias por tus rectos
juicios. Soy amigo de todos los que
te honran, de todos los que
observan tus preceptos.

SALMO 119:62-63

Mi Dios,
ELIGE MIS AMISTADES

Señor, mis relaciones son muy diferentes de lo que me gustaría que fueran. Ayúdame a convertirme en la clase de amiga que quisiera que los demás fuesen para mí. Asísteme para que invierta mi tiempo en la gente que tú sabes que necesito tener en mi vida. Te pido que elijas a mis amigos por mí.

Dame sabiduría para descubrir cuándo tratar de solucionar mis diferencias con la gente y cuándo debo marcharme y dejarlo así. Dame un corazón que sintonice con las necesidades de las personas a las que amo. Perdóname cuando hago amistades con cualquiera que está cerca de mí. Quiero desarrollar relaciones más cercanas, ordenadas y bendecidas por ti, en las que podamos animarnos y edificarnos mutuamente para sacar lo mejor de nosotros mismos para ti. Tú eres el amigo más verdadero que puedo tener. Permíteme experimentar relaciones que se mantengan en el nivel de realeza determinado por ti.

En el nombre de Jesús, amén.

Con amor,

Tu princesa, que anhela ser una buena amiga

Mi Rey,
ERES LA CLAVE DE MI
LIBERTAD

*S*eñor, necesito que me hagas libre. Aunque he gustado el fruto de tu libertad en ciertos momentos de mi vida, hay algunas cosas y personas de mi entorno cercano que me llevan a sentirme atada por pesadas cadenas de dolor y malestar. Estoy ansiosa por recibir de ti el valor y la fe para deshacer las cadenas que me mantienen sojuzgada por la vergüenza, la pena, la culpa y la ira que me producen. Deseo ser liberada para entrar en una vida *victoriosa* de plenitud, paz y gozo en ti: cosas que tú y solo tú puedes darme. Deseo volar como un águila y sentir que mi alma se remonta. Ayúdame, Padre, a caminar en libertad en ti.

En el nombre de Jesús, amén.

Con amor,

Tu princesa, que desea la verdadera libertad

«El rescata y salva;

hace prodigios en el cielo

y maravillas en la tierra.

¡Ha salvado a Daniel

de las garras de los leones!»

DANIEL 6:27

Mi Rey,
EL QUE ME SALVA POR
GRACIA

*S*eñor, necesito mucho de tu gracia. Te fallo cada día a través de las palabras descuidadas que dejo salir y de las acciones egoístas que cometo. ¡Me alegro tanto de tener un Padre celestial que cubre mis pasos con su gracia! Por favor, perdóname por las veces que he tratado de justificar mis actos o he intentado arreglar mis errores por mi cuenta, dejándote fuera del cuadro. Ayúdame a no ceder ante el pecado. Pero cuando fallo, ayúdame a no darme por vencida. Gracias por amarme más aun cuando menos lo merezco. Recuérdame que puedo ir a ti, fuente de gracia, una y otra vez, mientras intento vivir como tu princesa. Sé que no hay nada que pueda hacer para ganar esa gracia, porque es un regalo que viene directamente de tu corazón hacia el mío. Tu gracia, que se hace tan evidente en mi vida, es un verdadero don, y te amo por bendecirme con él.

En el nombre de Jesús, amén.

Con amor,

Tu princesa, que recibe tu gracia

*Ya que hemos sido justificados mediante
la fe, tenemos paz con Dios por medio de
nuestro Señor Jesucristo.*

ROMANOS 5:1

Carguen con mi yugo y aprendan

de mí, pues yo soy apacible y

humilde de corazón,

y encontrarán descanso

para su alma.

MATEO 11:29

Mi Dios,
ERES MI LUGAR DE REPOSO

Señor, estoy *muy* cansada física, emocional y espiritualmente. Por favor, ayúdame a descansar en tus brazos ahora mismo. Ayúdame a descubrir cuál es tu perspectiva con respecto a mi vida.

Padre, no puedo mantener el ritmo que mi lista de quehaceres cotidianos requiere de mí. Yo sé que tú no me has llamado a una vida loca, llena de cosas, que se sale de control. Así que vengo a ti y confieso que no puedo hacerlo todo, y no quiero intentarlo más tampoco.

Por favor, dame sabiduría para discernir cuándo debo levantarme y continuar andando y cuándo debo acostarme a descansar. Muéstrame aquello que es importante para ti, y luego llena mi corazón con el deseo constante de vivir de acuerdo a ello. Señor, que no me considere culpable cuando me siento a tus pies por algunos momentos cada día o cuando obedezco tu mandato de tomarme un día de descanso cada semana. Ayúdame a liberarme de las ligaduras del activismo y hazme entrar en una vida de paz y propósito divino.

Te lo pido en el nombre de Jesús.

Con amor,

Tu princesa, que te ama y anhela descansar en ti

SEÑOR, *tú me examinas,*
tú me conoces. Sabes cuándo me
siento y cuándo me levanto;
aun a la distancia me lees
el pensamiento. Mis trajines
y descansos los conoces;
todos mis caminos te son
familiares.

SALMO 139:1-3

Mi Rey,
ERES EL GUARDIÁN DEL TIEMPO

*S*eñor, ayúdame a no desperdiciar mis días haciendo cosas que no tienen importancia a la luz de la eternidad. Siento que muchas veces permito que cualquier cosa consuma mi tiempo. Sé que mis días han sido contados, así que deseo ser sabia cuando programo algo dentro de mi agenda. Me has dado una cantidad de tiempo limitada para transcurrir mi existencia, así que mantenme consciente de cuán finito y precioso es realmente mi tiempo aquí sobre la tierra. Te doy permiso para quitar de mi agenda cualquier cosa que me aparte de las citas divinas que tú has preparado para mí, y someto el resto de mis días a ti.

En el nombre de Jesús, amén.

Con amor,

Tu princesa, que desea vivir según tu agenda

Mi Dios,

ERES MI CREADOR

*S*eñor, eres tú el que ha formado mi cuerpo, modelado mi mente y creado mi alma. Tú me hiciste conforme a tu imagen, y me has llamado propiedad tuya. Por lo tanto te pido que moldees mi carácter para que exhiba ante el mundo lo que tú puedes hacer con una vida que se rinde a ti. Yo te doy los trozos de mi vida hechos añicos por mi pecado y mis errores, y te pido que los vuelvas a colocar en su lugar y los unas a través de tu Palabra, a tu manera, y por la acción de tu amoroso Espíritu Santo. Tú eres el maestro alfarero, y yo soy el barro que descansa sobre tu torno de alfarero. Por favor, conviérteme en una obra maestra, no para mi gloria sino para la tuya.

En el nombre de Jesús, amén.

Con amor,

Tu princesa, que es barro en tus manos

SEÑOR, TÚ ERES NUESTROS PADRE;
NOSOTROS SOMOS EL BARRO,
Y TÚ EL ALFARERO.
TODOS SOMOS OBRA DE TU MANO.
ISAÍAS 64:8

Mi Rey,
TÚ ERES MI PROTECTOR

*S*eñor, gracias por el privilegio de pedirte que me rodees con tu barrera de protección. Gracias por enviar a tus ángeles para que me defiendan y me cuiden. Gracias porque tu Espíritu vive dentro de mí, y porque me provees sabiduría y me guías a lo largo del camino.

Ahora humildemente te pido que me ayudes a depender de tu Espíritu y de la verdad de tu Palabra para realizar mi travesía por la vida, momento a momento. No quiero caer. Deseo caminar en tus fuerzas y en obediencia a ti. Te amo, y elijo por la fe confiar en ti, que eres mi protector y mi guía, y que me llevarás a salvo por tu senda angosta y recta.

Lo pido en el nombre de Jesús.

Con amor,

Tu princesa, que se esconde en ti

Tú eres mi refugio;

tú me protegerás del peligro

y me rodearás con cánticos

de liberación.

Selah.

SALMO 32:7

Manténganse libres del amor al dinero, y conténtense con lo que tienen, porque Dios ha dicho: «Nunca te dejaré; jamás te abandonaré».

HEBREOS 13:5

Mi Rey,
ERES LA FUENTE DE MI
CONTENTAMIENTO

Señor, siempre me has dado todo lo que necesito y mucho de lo que he deseado. Sin embargo, confieso que a menudo me encuentro ansiando más que eso. Por favor, muéstrame cuáles son las raíces de mi descontento y revélame lo que está torcido en mi corazón. Por favor, enséñame a sentirme satisfecha dondequiera esté y sean cuáles fueren mis posesiones, ¡aun si no las tengo! Haz que te permita que me llenes de tu paz, que apaga la sed, y con tu gozo, que satisface el alma. Guárdame de caer en la trampa mundana de desear lo que todos los demás tienen, en lugar de estar agradecida por lo que ya me has dado generosamente. Ayúdame a no procurar más que lo que tú deseas que tenga. Ayúdame a anhelarte a ti más que a ninguna otra cosa. Y, finalmente, Señor, enséñame a ser una buena administradora de las muchas bendiciones que tú, por amor, me has dado con tanta liberalidad.

En el nombre de Jesús, amén.

Con amor,

Tu princesa, que desea vivir satisfecha en ti

Mi Rey,
TÚ ERES LA PALABRA DE VIDA

*S*eñor, ¡te amo tanto! Quiero que sepas que deseo conocerte mejor y caminar más cerca de ti que nunca antes. ¿Por qué, entonces, es una lucha el lograr sentarme y leer tu Palabra? Más que respetar mis prioridades, parecería que coloco todas las otras cosas antes del tiempo que paso contigo.

Dios, por favor, desarrolla en mí un fuerte deseo por tu poderosa Palabra. Recuérdame que cada carta de amor ha sido escrita precisamente para mí y que cada una de ellas está llena de verdades vitales, a través de las que puedo vivir. Ya no me permitas buscar sabiduría en este mundo. En lugar de eso, recuérdame por tu Espíritu Santo que todo lo que necesito saber sobre cómo vivir es posible hallarlo en mi Biblia.

Así que te pido ahora que me ayudes a hacerme tiempo para estar contigo regularmente, leyendo tu preciosa Palabra, ese regalo de amor que me has dado. Oro para que todo lo que vayas a decirme quede grabado en mi corazón y en mi mente, a medida que alcanzo una mayor comprensión de quién eres tú y de lo mucho que me amas.

Te lo pido en el nombre de Jesús.

Con amor,

Tu princesa, que desea conocer tu Palabra

La voz del Señor resuena

potente; la voz del Señor

resuena majestuosa.

Salmo 29:4

«TRAIGAN EL TERNERO MÁS
GORDO Y MÁTENLO PARA
CELEBRAR UN BANQUETE.
PORQUE ESTE HIJO MÍO
ESTABA MUERTO,
PERO AHORA HA VUELTO
A LA VIDA; SE HABÍA
PERDIDO, PERO YA LO
HEMOS ENCONTRADO».

Lucas 15:23-24

Mi Dios,
AQUEL QUE ME HALLÓ

*S*eñor, gracias por llamarme y conducirme hacia ti cuando caminaba sin rumbo por la vida. Haz que *nunca* olvide de dónde salí y dónde estoy ahora a causa de que tú me amaste tanto como para ir tras de mí y traerme de vuelta al hogar.

Sé que ahora tú deseas usarme para guiar hasta ti a otros que se hallan perdidos y solitarios, de modo que ellos también lleguen a conocer tu amor. Yo sé que tú además me has llamado a ayudar a los que están heridos y a ministrar a los pobres. Pero a veces, Señor, me siento vacía, demasiado vacía como para poder llenar a otros, y confundida con respecto a lo que hace falta para poder brindar una guía espiritual.

Así que, cuando esté con personas que no te conocen, ayúdame a no depender de mí misma, sino a estar pendiente de ti para recibir fortaleza y guía. Sé (aunque a veces lo olvido) que tú me capacitas para hacer todo lo que me has llamado a hacer. Por eso, unge mis labios con tus palabras de vida para que pueda guiar a la gente hasta tus brazos amorosos y acogedores.

En el nombre de Jesús, amén.

Con amor,

Tu princesa, que necesita tu divina conducción

Mi Rey,
TÚ ERES LA RESPUESTA A TODO

*S*eñor, tú eres la respuesta a todo. No hay nadie como tú. Me suples todo lo que necesito. Siempre que estoy confundida, tu Palabra aclara mi mente y me da descanso .

Señor, deseo que me uses para hacer grandes cosas para tu Reino. No quiero que las decepciones del pasado hagan que responda con falta de entusiasmo y de propósito al llamado que has puesto sobre mi vida. Por eso hoy te pido que cumplas el mayor deseo que tengo en el corazón: Por favor, haz que mi vida tenga sentido para la eternidad. Guía mis pasos hacia esa gran meta, y continúa bendiciéndome con todo lo que necesito para servirte. Ayúdame a no darme nunca por vencida y a no ceder ante nada sino solo ante ti. ¡Eres tú lo que verdaderamente necesito y deseo!

En el nombre de Jesús, amén.

Con amor,

Tu princesa, que desea aquello que tú has planeado para su vida

Al que puede hacer muchísimo

más que todo lo que podamos

imaginarnos o pedir, por el poder

que obra eficazmente en nosotros,

¡a él sea la gloria…!

EFESIOS 3:20-21

Porque por gracia ustedes han sido

salvados mediante la fe;

esto no procede de ustedes,

sino que es el regalo de Dios.

EFESIOS 2:8

Mí Rey,

ERES EL QUE ENVIÓ A SU
HIJO, MI SALVADOR

Jesús, en ocasiones me desborda mi naturaleza pecadora, y cuando eso sucede me siento tentada a procurar ocultarme de ti. Me descubro a mí misma agobiada bajo el peso de la vergüenza y temerosa de confesar mis verdaderos sentimientos.

Por favor, ayúdame, Señor a ser más sincera y genuina contigo cuando necesito arrepentirme de mi pecado. Confróntame cuando intento ocultar cosas de ti. Dame el valor de acercarme a ti y permitirte que me limpies, me sanes y me lleves a comenzar de nuevo. Ayúdame a aceptar la tremenda verdad de que tú moriste por mí para que yo pudiera ser libre.

Te necesito, Señor mi Dios. No puedo vivir sin tu amor, tu poder y tu perdón. Ayúdame no solo a recibir tu completo perdón, sino a poder perdonarme a mí misma cuando fallo. Estoy dispuesta a comenzar de nuevo, y te agradezco por ser un Dios que brinda nuevas oportunidades de forma ilimitada.

Lo pido en tu nombre.

Con amor,

Tu princesa, que necesita de tu perdón

Mi Rey,
TÚ ME HACES NUEVA

*S*eñor, tu Palabra enseña que yo soy una nueva criatura, que no soy la misma persona que era antes de conocerte, y que las cosas viejas han pasado. Deseo creer eso, pero necesito de tu ayuda.

Por favor, enséñame a vivir en consecuencia con la nueva persona que tú me has hecho. Renueva mi mente, mi espíritu y la imagen que tengo de mí misma. Deseo ser la princesa que tú determinaste que fuera cuando me creaste. Muéstrame cuáles son las personas y las cosas de las que debo alejarme para poder caminar más cerca de ti. Lávame para que sea tan blanca como la nieve. Crea en mí un corazón limpio, un corazón que anhele tu amor y tu aprobación.

Confiando en tu fidelidad, te agradezco por lo que haces en mí, y te agradezco por aquello en lo que me convertirás. Gracias por dar tu vida en pago por mis pecados. Gracias porque el poder del Espíritu Santo que te levantó de los muertos está en mí, que soy una nueva criatura.

En tu nombre lo pido.

Con amor,

Tu princesa, que es una nueva criatura

Acerquémonos, pues a Dios
con corazón sincero
y con la plena seguridad que
da la fe, interiormente purificados
de una conciencia culpable
y exteriormente lavados
agua pura.

HEBREOS 10:22

Mi Rey,
TÚ SABES LO QUE ES
MEJOR PARA MÍ

*S*eñor, a veces me desanimo mucho por la forma en que salen las cosas, por la manera en que fracasan los planes que tengo para la vida. Mis esperanzas y sueños se diluyen en la decepción, y me encuentro desesperanzada. Cuando llegue a ese punto, ayúdame a confiar más en ti. Ayúdame a entender que tú estás obrando a mi favor aun cuando no considere que las cosas suceden del modo en que quisiera. Dame la fortaleza para seguir haciendo lo correcto, para continuar obedeciéndote y confiando en ti, aun cuando todo parezca salir mal. Te pido que renueves mi esperanza y que abras mis ojos al sentido espiritual que tienen las decepciones, desafíos y frustraciones que nos presenta la vida. Elijo creer que tú, mi Padre, sabes qué es lo mejor para mí, y que estás en el control de los más mínimos detalles de mi vida.

En el nombre de Jesús.

Con amor,

Tu princesa, que desea tu voluntad en su vida

Ahora bien, sabemos que Dios dispone
todas las cosas para el bien de quienes lo
aman, los que han sido llamados de
acuerdo con su propósito.

ROMANOS 8:28

Nosotros no hemos recibido

el espíritu del mundo

sino el Espíritu que procede de

Dios, para que entendamos lo que

por su gracia él nos ha concedido.

1 CORINTIOS 2:12

Mi Rey,
TÚ ME HAS APARTADO

Señor, sé que me llamas a ser diferente del mundo, a llevar una existencia que refleje que soy tuya. Todo en mi ser desea seguirte y vivir como tu princesa. Pero a veces me siento desbordada por ese llamado tuyo. Lucho contra mi deseo de hacer las cosas de la manera más fácil, o sea, al estilo del mundo, en lugar de hacerlas del modo correcto, o sea, a tu estilo. Siento que nunca podré ser la persona que deseo ser para ti. En momentos como esos, recuérdame por tu Espíritu quién soy yo y lo poderoso que tú eres. Sé que separada de ti no puedo hacer nada de valor. Así que, por favor, Dios, ayúdame a aferrarme al poder de tu fuerza sobrenatural y a estar en este mundo sin convertirme en parte de él.

En el nombre de Jesús, amén.

Con amor,

Tu princesa, tu elegida

Anhelo con el alma los atrios
del SEÑOR; casi agonizo por estar
en ellos. Con el corazón, con todo
el cuerpo, canto alegre al Dios
de la vida.

SALMO 84:2

Mi Dios,
POR FAVOR, SECA MIS LÁGRIMAS

*S*eñor, quiero tener una relación de mayor apertura contigo. Como el rey David, deseo ser una persona, una mujer, según tu corazón. Al igual que él, quiero ser capaz de abrirte libremente mi corazón, confesarte mi pecado, mi dolor, mis heridas.

Ya he vivido demasiado tiempo intentado ocultar mis sufrimientos personales y manejar las cosas por mí misma.

Mi temor es que si clamo a ti, todas las lágrimas que tengo encerradas adentro comiencen a fluir, y no paren nunca. Porque jamás me he sentido completamente a salvo con alguien anteriormente, me resulta difícil creer que tú, el Dios del universo, va a acercarse a mí en persona para enjugar mis lágrimas y sanar mi corazón.

Libérame y ayúdame a clamar a ti para ser realmente libre. Sostenme entre tus tiernas y poderosas manos, y ámame para que pueda volverme a una vida de plenitud.

En el nombre de Jesús, amén.

Con amor,

Tu princesa, que anhela ser contenida y sanada por ti

Mi Rey,
ERES EL CAPITÁN DE MI VIDA

*S*eñor, la vida parece estar formada por grandes tormentas, una atrás de la otra. Y mientras las tormentas rugen, me encuentro temiendo ser arrastrada por ellas si no puedo controlar mi propia vida. Sin embargo, sé que tú quieres que suelte las riendas de mi vida en lugar de pensar y actuar como si estuviera en el control. Por favor, dame el valor para descansar en ti cuando golpean con furia las arrasadoras tormentas de la vida. Enséñame a confiar en ti en los días en que el tiempo es malo, y a no olvidarte cuando puedo navegar en calma. Ya no quiero intentar mantener bajo control las circunstancias de mi vida o las de la vida de los que me rodean. Estoy dispuesta, una vez más, a que seas tú quien me guíe a través de los días. Y, al orar, te pido que calmes la mayor tempestad de todas: la del nerviosismo y la ansiedad interior que tan a menudo se desata. Gracias por ser el capitán de mi vida y el agua de vida que sacia mi alma.

En el nombre de Jesús, amén.

Con amor,

Tu princesa, que te quiere entregar el control de su vida

ASÍ DICE EL SEÑOR:
«DETÉNGANSE EN LOS CAMINOS Y MIREN;
PREGUNTEN POR LOS SENDEROS ANTIGUOS.
PREGUNTEN POR EL BUEN CAMINO,
Y NO SE APARTEN DE ÉL.
ASÍ HALLARÁN EL DESCANSO ANHELADO.

JEREMÍAS 6:16

Mi Rey,
EL DADOR DE LA VIDA

*S*eñor, a veces puedo volverme muy egoísta. Me preocupo demasiado por mí misma: *mis* carencias, *mis* necesidades y *mis* deseos. Por favor, ayúdame a ser consciente de los momentos en que solo me centro en mí misma. Señor, ¡detenme antes de que me hunda en ese pozo!

Deseo ser más como tú, Señor. Tú me has dado la vida misma. Tú has sacrificado tu vida para que yo pudiera vivir en victoria. Necesito conocer la verdadera alegría de darme a otros incondicionalmente, del mismo modo en que tú te has dado a mí. Por eso te pido que llenes mi corazón de compasión. Mantén mi pensamiento fijo en las necesidades de otros. Perdóname por no hacer llegar tus acciones de bondad y amor hasta las personas que conozco y que yo sé que buscan sentirse amadas. Sácame de la tendencia pecaminosa de procurar para mí misma todo lo que pueda, y cambia mi actitud para que sea capaz de dar todo lo que esté a mi alcance, para traer gloria a aquel que mora dentro de mí.

En tu nombre, amén.

Con amor,

Tu princesa, que desea dar del mismo modo en que tú le has dado

Por lo tanto, como escogidos de
Dios, santos y amados, revístanse
de afecto entrañable
y de bondad, humildad,
amabilidad y paciencia.

COLOSENSES 3:12

Porque ni aun el Hijo del hombre

vino para que le sirvan,

sino para servir y para

dar su vida en rescate por muchos.

MARCOS 10:45

Mi Dios,
ERES EL QUE HA PAGADO
EL PRECIO

Jesús, me resulta muy sorprendente que tú hayas pagado el precio de mis pecados con tu vida. Me amaste antes de que siquiera yo hubiera pensado en ti. Sin embargo, con demasiada frecuencia yo me alejo de tu amor. Perdóname por considerar tu presencia y tu amor como un derecho adquirido. Y perdóname por no calcular el costo de mis malas decisiones antes de tomarlas. Ayúdame a valorar mi vida como el precioso regalo que es. No deseo entregarme a un mundo que intenta robar mi integridad, corromper mi carácter y debilitar mi amor por ti. Por favor, protégeme, guíame, y ayúdame a administrar mi tiempo aquí con sabiduría. Muéstrame de qué manera quieres que invierta los talentos y dones que me has dado para tus eternos propósitos. Y haz que nunca me olvide del valor real y permanente de lo que tú has hecho por mí en la cruz, y del precio que pagaste por mí.

Lo pido en tu nombre.

Con amor,

Tu princesa, que está agradecida por la vida eterna

Mi Dios,
LIBÉRAME PARA SER YO MISMA

*S*eñor, necesito y deseo intensamente que mi relación contigo sea genuina. Porque durante mucho tiempo he fingido ser alguien que no era. Ahora me cuesta descubrir lo que en realidad pienso o siento, o quién soy. Por favor, ayúdame a ver con mayor claridad aquel propósito para el que me has creado. Líbrame de la tendencia de tratar de ser una persona perfecta para obtener la aprobación de la gente. Sé que eso es una atadura, y te pido que me liberes de ella. Ayúdame a vivir buscando solo tu aprobación. Libérame de mí misma y ayúdame a expresar en oración lo que realmente siento y aquellas cosas que de veras me importan. No quiero desarrollar una relación superficial contigo. Deseo ser genuina: ¡se acabó el fingimiento!

En el nombre de Jesús, amén.

Con amor,

Tu princesa, que desea desarrollar una relación genuina contigo

Habitaré entre ellos,

y yo seré su Dios

y ellos serán mi pueblo.

EZEQUIEL 37:27

DE UNA MISMA BOCA SALEN
BENDICIÓN Y MALDICIÓN.
HERMANOS MÍOS, ESTO NO
DEBE SER ASÍ.

Santiago 3:10

Mi Rey,
UNGE MIS LABIOS

*S*eñor, quiero transmitir tus palabras de vida y amor al mundo. Pero cada día me siento tentada a hablar sobre los demás de una manera destructiva y eso no edifica. Necesito que controles mi lengua. Perdóname por hablar cosas que hieren cuando tengo el poder de decir aquello que sanaría. Perdóname por no ir a ti en primer lugar, para que unjas mis conversaciones. Por favor, pon en mí convicción de pecado cuando descuidadamente digo cosas que no reflejan el hecho de que tu vives en mí. Recuérdame que pertenezco a la realeza y que debo hablar como la princesa que me has llamado a ser, y transmitir palabras de vida.

En el nombre de Jesús, amén.

Con amor,

Tu princesa, que desea hablar tus palabras

Mi Dios,
TÚ QUITAS MI CULPA

*S*eñor, no puedo evitar, al mirar mi vida pasada, sentir culpa y pena. Pienso en aquellas cosas que no debería haber hecho o dicho y en aquellas que podría haber hecho. Reflexiono acerca de las veces en que traje vergüenza a tu nombre y aun a mí misma y produje sufrimiento a los demás. Sé que tu Palabra dice que me has lavado y me has dejado tan blanca como nieve y que tú deseas que abandone los sentimientos de culpa con respecto a todo lo que he hecho mal. Pero no puedo hacerlo sin tu ayuda. Por favor, renueva mi mente con tu Palabra y ayúdame a aceptar que tú moriste por todos mis errores y pecados. Ayúdame a creer que puedo convertirme en una nueva persona y comenzar de nuevo en ti. Estoy dispuesta a ser liberada de la culpa de mi pasado, y avanzar hacia una vida de victoria y propósito en ti.

Lo pido en tu nombre.

Con amor,

Tu princesa, que acepta tu limpieza

Ustedes ya están limpios

por la palabra que les

he comunicado.

JUAN 15:3

*Vengan a mí todos ustedes
que están cansados y agobiados,
y yo les daré descanso.
Carguen con mi yugo y aprendan
de mí, pues yo soy apacible y
humilde de corazón,
y encontrarán descanso para su
alma. Porque mi yugo es suave
y mi carga es liviana.*

MATEO 11:28-30

Mi Rey,
AYÚDAME A DEFINIR MIS LÍMITES

*S*eñor, ¡mi agenda y horarios están completamente fuera de control! Cada día me siento atrapada en un excesivo activismo, absorbida por demasiadas responsabilidades y actividades, y rodeada de gente que me tironea en distintas direcciones. Sé que no quieres que me agote tratando de cumplir con todo lo que he estado haciendo últimamente. Y estoy segura de que tú no deseas que continúe abusándome de mi cuerpo, que es tu templo, con las demandas excesivas que le he colocado encima.

Te pido, por favor, que me enseñes a decir que no, aun cuando Satanás me cargue de falsas culpas. Por favor, dame la sabiduría que necesito para establecer prioridades en mi agenda de modo que pueda vivir de la manera en que tú deseas. Enséñame a caminar por la vida siendo guiada y controlada solamente por tu Espíritu.

En el nombre de Jesús te lo pido.

Con amor,

Tu princesa, que necesita tu ayuda para establecer sus límites

Mi Rey,
ORDENA MIS PASOS PARA
QUE PUEDA OBRAR BIEN

*S*eñor, quiero que tú me uses hoy. Así que, por favor, ordena mis pasos. Abre mis ojos para que vea las necesidades por las que pasan los que me rodean. No me permitas dejar de hacer las buenas obras que tú has planeado que yo haga hoy. Permíteme realizar un acto de amor o dar una palabra de aliento a alguien que necesita ver tu mano en su vida.

Gracias por elegirme para ser una de tus representantes en este mundo de oscuridad. Nunca me permitas olvidar que estoy aquí en la tierra para ser un canal de tu amor, paz, y poder en un mundo que está perdido sin ti.

En el nombre de Jesús.

Con amor,

Tu princesa, que anhela andar en tus caminos.

Porque somos hechura de Dios,

creados en Cristo Jesús

para buenas obras, las cuales Dios

dispuso de antemano a fin de que

las pongamos en práctica.

EFESIOS 2:10

Mi Rey,
TU ESPÍRITU MORA EN MÍ

*S*eñor, mantenme con plena conciencia de que mi cuerpo es el lugar de tu morada, el templo de tu Espíritu Santo. Perdóname por las veces en que convertí tu templo en mi tacho de basura. Con demasiada frecuencia me falto el respeto a mí misma con las cosas que leo y miro; y muy a menudo destruyo tu templo con lo que como, o por la cantidad de cosas que ingiero.

Señor, solo tú mereces honor y adoración, así que enséñame a honrarte con mi cuerpo, mente y espíritu. Tu has sacrificado a tu único Hijo por mí, y me has bendecido abundantemente con tu protección, tu provisión y tu misma presencia en mí. Lo menos que puedo hacer es abandonar los poco saludables placeres humanos que debilitan, si no destruyen, mi cuerpo. Dame la autodisciplina y sabiduría que necesito para cuidar de lo que es tuyo: mi cuerpo. Ayúdame a ser santa y pura ante tus ojos.

En el nombre de Jesús te lo pido.

Con amor,

Tu princesa, que es un templo para tu Espíritu Santo

Esplendor y majestad hay
en su presencia;
poder y alegría hay en su santuario.

1 CRÓNICAS 16:27

Ama al Señor tu Dios

con todo tu corazón

y con toda tu alma

y con todas tus fuerzas.

DEUTERONOMIO 6:5

Mi Rey,
NECESITO TU AMOR

Señor, no quiero prestarme a juegos para lograr el amor de un hombre. Estoy cansada de intentar por todos los medios atraer la atención y conseguir la aprobación de los hombres en lugar de la tuya. Sostenme en tus brazos de verdadero amor, el único lugar en el que recibiré una atención duradera y una aprobación que signifique algo.

Muéstrame cuáles son los hombres a los que les he permitido acceder a mi vida y que me alejan de ti. Dame la sabiduría de entender quiénes son, y la fortaleza para acabar con esas relaciones ahora mismo. Estoy dispuesta a ponerte a ti en primer lugar, y a enamorarme de ti de nuevo: estoy dispuesta a amarte con todo lo que soy. Y, cuando llegue tu perfecto tiempo, por favor revélame cuál es el hombre que tú me envías, para desarrollar con él una relación que tenga sus raíces en ti y que te traiga honra y gloria cuando estemos juntos.

En el nombre de Jesús, amén.

Con amor,

Tu princesa, que desea amarte a ti más que a nadie

Ahora que se han purificado

obedeciendo a la verdad

y tienen un amor sincero por sus

hermanos, ámense de todo

corazón los unos a los otros.

1 PEDRO 1:22

Mi Rey,
AYÚDAME A ACEPTAR A
LOS DEMÁS

*S*eñor, necesito que me ayudes a aceptar los errores y las debilidades de las otras personas con la misma gracia, perdón y tolerancia que tú me muestras a mí. ¿Quién soy yo para mirar con superioridad a los demás? Yo sé que eso es lo que hago cuando miro con menosprecio a aquellos que luchan como yo, solo que de otra manera. Por favor, no me permitas olvidar que solo soy una pecadora salvada por tu maravillosa gracia. Dame un corazón de amor hacia aquellos que me parecen indignos de cualquier afecto y una dosis adicional de compasión para ocuparme de aquellos que sufren o que son difíciles de tratar. Perdóname por rechazar a la gente porque no la encuentro perfecta. Yo sé que solo tú eres perfecto y que todos necesitamos tu amor y gracia para sobrevivir cada día de la vida en esta tierra.

En el nombre de Jesús, amén.

Con amor,

Tu princesa, que está agradecida por tu aceptación

Mi Rey,
AYÚDAME A DESCUBRIR
QUIÉN SOY EN REALIDAD

*S*eñor, demasiado a menudo, cuando me miro en el espejo, no me gusta lo que veo reflejado. En lo profundo de mi corazón, descubro a alguien que difícilmente podría ser considerada lo bastante buena como para hacer algo significativo para ti. Trato de recordarme a mí misma lo especial que soy delante de tus ojos, y también que tu fortaleza se perfecciona en mi debilidad.

Pero, aun así, con frecuencia mis ojos se nublan a causa de mis propias inseguridades e imperfecciones. Me siento perseguida por las cosas hirientes que la gente ha dicho de mí. No deseo aceptar las mentiras que pasan por mi cabeza y decir que no valgo nada, así que clamo a ti ahora con todo mi corazón. Tú conoces las razones por las que no me gusta cómo soy. No quiero que esos pensamiento me priven de caminar con confianza en ti. Te pido, Señor que me des una nueva y más clara imagen de la persona que realmente soy. Quiero permitir que se refleje tu amoroso rostro en mi espejo.

En el nombre de Jesús te lo pido.

Con amor,

Tu princesa, cuya imagen necesita de tu toque divino

«TE BASTA CON MI GRACIA, PUES MI PODER SE PERFECIONA EN LA DEBILIDAD». POR LO TANTO, GUSTOSAMENTE HARÉ MÁS BIEN ALARDE DE MIS DEBILIDADES, PARA QUE PERMANEZCA SOBRE MÍ EL PODER DE CRISTO.

2 CORINTIOS 12:9

Mi Dios,
TÚ ERES EL VERDADERO AMOR

*S*eñor, a veces quedo muy confundida con respecto al amor. Ha habido gente que me ha dicho que me amaba, y que luego me hirió terriblemente. ¿Se espera que el amor lastime? ¿Es el amor más que una emoción o un acto de bondad? Veo matrimonios alrededor de mí que reflejan cualquier cosa menos amor. ¿Acaso se trata solo de un voto de compromiso?

Sana mi corazón de las heridas que le han provocado aquellos que han hecho del amor algo doloroso, de manera que pueda recibir plenamente tu amor y disfrutarlo. Dame sabiduría para detectar la diferencia entre el amor verdadero y la versión distorsionada que el mundo ofrece de él. Enséñame tu definición del amor, y por tu Espíritu muéstrame como transmitir ese amor a los demás. Estoy lista para recibir una comprensión nueva y mayor de tu increíble amor dispuesto al sacrificio; amor que edifica a otros y atrae a la gente hacia ti. Un amor que dura para siempre.

En el nombre de Jesús, amén.

Con amor,

Tu princesa, que desea conocer el verdadero amor.

Para que… puedan comprender,

junto con todos los santos,

cuán ancho y largo, alto

y profundo es el amor de Cristo.

EFESIOS 3:17-18

Pues ustedes han nacido de nuevo,

no de simiente perecedera,

sino de simiente imperecedera,

mediante la palabra de Dios

que vive y permanece.

1 PEDRO 1:23

Mi Rey,
QUIERO VIVIR CONTIGO
PARA SIEMPRE

Señor, tu Palabra dice que mis ojos aun no han visto, ni mis oídos han escuchado, ni mi mente ha imaginado el lugar que tú tienes preparado para mí en los cielos. A veces me llena de entusiasmo el pensar en verte cara a cara, pero en otras ocasiones no le presto la menor atención a lo que eres tú y al lugar que estás construyendo para mí. Perdóname por mi desatención. Por favor, impúlsame a meditar más sobre mi hogar en los cielos y menos en las cosas materiales que pienso que necesito aquí y ahora. Deseo transcurrir mi vida anticipando constantemente aquel gran día en el que entraré para siempre a tu presencia, día en el que no habrá más lágrimas, ni más dolor, sino que encontraré en él paz permanente y alabanzas a ti, nuestro Rey.

En el nombre de Jesús, amén.

Con amor,

Tu princesa, que no ve las horas de estar en su hogar contigo

Mi Rey,

ERES EL QUE SE DELEITA

EN MÍ

*S*eñor, ¡tu Palabra dice que nadie se deleita en mí como tú! Yo soy tu hija, elegida y adoptada por ti, que desea que puedas sentirte orgulloso de ella. Quiero que al mirarme puedas decir: «¡Esa es mi hija, y cómo cumple con mi voluntad!»

Te amo, Señor, y me lleva a sentirme humilde y agradecida el hecho de que te deleites en mí. Ayúdame a mantener mi pensamiento puesto en ti. Recuérdame a cada momento que soy hija del Rey de reyes. No me permitas distraerme de cumplir tu propósito y enséñame a dejar que guíes mis pasos. Continúa dirigiéndome en cada etapa de mi vida. Al buscarte primeramente a ti, que conozca las bendiciones de recibir tu cuidado, y en especial la bendición de tu amorosa presencia en mí.

En el nombre de Jesús, amén.

Con amor,

Tu princesa, que se deleita en ti.

El SEÑOR… se complace en los que

le temen, en los que confían

en su gran amor.

SALMO 147:10-11

USTEDES LOS CIELOS,
¡GRITEN DE ALEGRÍA!
TIERRA, ¡REGOCÍJATE!
MONTAÑAS, ¡PRORRUMPAN
EN CANCIONES!
PORQUE EL SEÑOR
CONSUELA A SU PUEBLO
Y TIENE COMPASIÓN
DE SUS POBRES.

ISAÍAS 49:13

Mi Dios,
TÚ ERES MI REFUGIO

*S*eñor, gracias por ser mi lugar seguro en este mundo perdido y amenazador. Solo en ti puedo encontrar verdadero refugio y seguridad. Estoy muy agradecida a ti porque nunca estás demasiado ocupado para proveerme un lugar de paz y esperanza, un momento de respiro y descanso. Siempre te hallas a disposición de tu hija.

Qué bendecida soy por tener al Dios de toda la tierra como mi refugio y mi fortaleza, mi consuelo y mi Padre. Te amo más de lo que las palabras pueden expresar, y estoy muy sorprendida por la manera en que me ayudas a recorrer la vida, siempre cobijándome bajo tu poderosa mano. Gracias porque no estoy sola en ninguna circunstancia. Tú estás aquí conmigo dondequiera que vaya. Gracias por ser una fuente constante de seguridad, consuelo y refugio. Te amo, Señor.

En el nombre de Jesús, amén.

Con amor,

Tu princesa, que encuentra refugio en ti

Mi Rey,
¡SOLO TÚ ERES EXCELENTE!

Señor, no me permitas conformarme con una vida mediocre. Quiero vivir con excelencia; llevar una vida que refleje tu perfección.

Dame las fuerzas para hacer lo correcto, aunque sea difícil, en un mundo que continuamente tienta a las personas a hacer concesiones. Dame la capacidad de vivir de una manera que haga que la gente dirija su mirada hacia ti y que ejerza una influencia positiva en beneficio de tu Reino sobre todos los que me observen. Permíteme ser una de aquellos que ayudan a los demás a darse cuenta no solo de su gran potencial, sino de la libertad de la que podrían disfrutar si se relacionaran contigo.

Sé que puedes hacerlo todo. Así que, por favor, úsame para ser ejemplo de un patrón más alto y santo, de un standard de excelencia divina, para las próximas generaciones que lleguen. ¡Permíte que mi vida deje un legado para ti!

En el nombre de Jesús, amén.

Con amor,

Tu princesa, que desea reflejar tu excelencia

Este mensaje es digno de
confianza, y quiero que lo
recalques, para que los que han
creído en Dios se empeñen en
hacer buenas obras.
Esto es excelente y provechoso
para todos.

TITO 3:8

*Porque todo mortal es como la
hierba, y toda su gloria como la
flor del campo; la hierba se seca y
la flor se cae, pero la palabra del
Señor permanece para siempre.
Y esta es la palabra del evangelio
que se les ha anunciado a ustedes.*

1 PEDRO 1:24-25

Mi Rey,
AYÚDAME A ELEGIR LA VIDA EN TI

*S*eñor, me has dado a elegir entre la vida y la muerte, entre conocer tu bendición o alejarme de ella.

Dios, deseo la vida abundante que tú ofreces; quiero recibir y reconocer tus bendiciones en mi vida. Y sé que la única manera de experimentar esa clase de vida es obedecer tu Palabra. Pero me conozco a mí misma, y sé que la obediencia no me resulta tan fácil ni tan natural. Mi naturaleza pecaminosa debilita mi voluntad y me lleva a que me resulte sencillo hacer las cosas que no deseo, y a no hacer las cosas que en realidad deseo. ¡Y no quiero estropearlo todo!

Señor, sé que no puedo hacer esto sola. Necesito el apoyo de una hermana en Cristo, pero no sé a quien buscar. Por favor, envía alguien seleccionada por ti, para que me ayude a cuidar mi camino y para que crezca junto conmigo: alguien con quien pueda compartir la travesía que tengo por delante. Y un día, cuando mis fundamentos en ti estén firmes, permíteme hacer lo mismo con otros. Todo para tu gloria y el avance de tu Reino. ¡Hoy elijo la vida!

En el nombre de Jesús, amén.

Con amor,

Tu princesa, que elige la vida en ti

Mi Rey,
QUE PUEDA DEJAR UN
LEGADO DE TU PARTE

*S*eñor, deseo dejar un legado de tu parte. Deseo poder decir: «Yo y mi casa serviremos al Señor». Y que aquellos a los que amo puedan considerarme un ejemplo de vida en ti.

Concédeme sabiduría para que pueda tomar decisiones espirituales en un mundo que dice que todo vale. Dame esperanza en ti para que yo sea capaz de pasarla a aquellos que amo. Permíteme experimentar el gozo contagioso que proviene de vivir para ti y hacer avanzar tu Reino. Bendice a mis hijos y su futuro, como tú prometes en tu Palabra que harás si yo te amo y guardo tus mandamientos.

Señor, deseo ser recordada como una mujer cuyo carácter allanó el camino de la próxima generación para que llegara a la fe y a alcanzar sus logros. Que pueda dejar una marca permanente de tu amor en el corazón de aquellos que me conocen.

En el nombre de Jesús, amén.

Con amor,

Tu princesa, que desea dejar un legado de tu amor

«*Reconoce, por tanto, que el
SEÑOR tu Dios es el Dios
verdadero, el Dios fiel,
que cumple su pacto generación
tras generación, y muestra su fiel
amor a quienes lo aman
y obedecen sus mandamientos*».

DEUTERONOMIO 7:9

Mi Rey,
TÚ ERES EL PRINCIPIO Y EL FIN

*S*eñor, tú eres el Alfa y la Omega, el Principio y el Fin. Ayúdame a recordar que mi primera respiración comenzó en ti y que la última me llevará a mi morada de reposo contigo. Yo conozco bien esa verdad, pero a veces, Señor, siento temor al pensar cómo acabará mi vida, y cómo será cruzar al otro lado de la eternidad.

Líbrame del temor a la muerte y concédeme paz interior, esa paz que viene solo de saber que el cielo es mi verdadero hogar y que Jesús es mi Salvador. Ayúdame a descansar en esa verdad. Recuérdame que yo soy tu esposa y que grandes recompensas me aguardan para cuando finalmente llegue a mi hogar.

Gracias porque tú tienes contados mis días y porque mi vida no acabará cuando muera; más bien, eso constituirá el comienzo del verdadero conocimiento de ti y de el poder verte cara a cara. Gracias porque estás preparando un lugar para mí aun ahora, mientas oro. Gracias por el privilegio de haber sido puesta aquí sobre la tierra para reinar como tu princesa. ¡Qué bendecida soy por poder pasar la eternidad contigo!

En el nombre de Jesús, amén.

Con amor,

Tu princesa, que comenzó contigo y acabará junto a ti

«Ya todo está hecho.
Yo soy el Alfa y la Omega,
el Principio y el Fin.
Al que tenga sed le daré
a beber gratuitamente
de la fuente del agua de la vida.
El que salga vencedor
heredará todo esto, y yo seré su Dios…»

APOCALIPSIS 21:6-7

Me encantaría
SABER DE TI

Para escribir a Sheri Rose
personalmente, o para recibir información
sobre los libros y consultar sobre
su línea de joyería *Su princesa*
(un hermoso recordatorio de
que somos hijas del Rey),
visite su página web:
www.HisPrincess.com
o llame al 602-407-8789.

Disfrute de otras publicaciones de Editorial Vida

Desde 1946, Editorial Vida es fiel amiga del pueblo hispano a través de la mejor literatura evangélica. Editorial Vida publica libros prácticos y de sólidas doctrinas que enriquecen el caudal de conocimiento de sus lectores.

Nuestras Biblias de Estudio poseen características que ayudan al lector a crecer en el conocimiento de las Sagradas Escrituras y a comprenderlas mejor. Vida Nueva es el más completo y actualizado plan de estudio de Escuela Dominical y el mejor recurso educativo en español. Además, nuestra serie de grabaciones de alabanzas y adoración, Vida Music renueva su espíritu y llena su alma de gratitud a Dios.

En las siguientes páginas se describen otras excelentes publicaciones producidas especialmente para usted. Adquiera productos de Editorial Vida en su librería cristiana más cercana.

Tu Príncipe vendrá, prepárate...

Cuando el valiente príncipe rescata a la princesa, los corazones de las niñas palpitan de emoción. Sin embargo, las mujeres de todas las edades pueden olvidar fácilmente la gloriosa verdad de que Jesús es el Príncipe que ya las eligió y que está esperándolas en la puerta. ¡Dicha ocasión es motivo para que estés presentable... saludable en todo sentido! Este es el tercer libro de la aclamada serie Su Princesa™.

Un libro devocional para regalar y que mamá también considerará un tesoro

Bríndate el regalo de escuchar su voz hablándote directamente en estas cartas de amor de tu Rey, basadas en las Escrituras. Permite que tu alma se empape de su amor a medida que cada carta te recuerda QUIÉN eres, POR QUÉ estás aquí y CUÁNTO te ama él.

Tengo muchos libros devocionales, y muy pocos me han llegado tan profundamente en medio del ritual matutino de mi tiempo de quietud. Pero desde el primer día en que comencé a leer Su princesa supe que este era el libro que quería leer cada día. Alentador y perspicaz, este libro me recuerda lo especial que soy para mi Señor. ¡Me encanta!

—Tricia Goyer, amazon.com reviewer

Mujeres que hacen demasiado

Mujeres que hacen demasiado enseña a la mujer que hace demasiado la manera de hacer menos pero con eficiencia. Mediante este estudio, la autora, Patricia Sprinkle, le ayudará a determinar para qué la creó Dios, así como también le enseñará a enfocarse en cómo hacerlo. Además, le ofrece algunas pistas para lidiar con las exigencias de la vida diaria, y varios ejercicios al final de cada capítulo para reforzar lo aprendido.

El poderoso rol de la esposa

Este es un libro del corazón...la conversación de una mujer con otra. La compresión que estas mujeres ofrecen es digna de ser guardada. Ellas han hecho las mismas preguntas que tú, y han batallado para encontrar las respuestas que tú también buscas. Sus poderosas palabras de sabiduría la ayudarán a entender y animar a su esposo, y la acercarán más a Dios.

Cómo criar hijas fuertes

Este libro está basado en una amplia investigación que contiene innumerables estrategias y percepciones personales de la naturaleza interior femenina, con el fin de ser útil para las jovencitas. Este libro incluye cómo enseñarle a su hija lecciones fundamentales y necesarias para el desarrollo saludable de la joven de hoy.

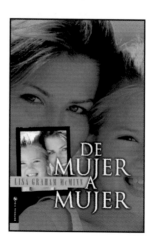

Cómo mejorar mi matrimonio

Este libro nos enseña a entender cómo se elevan las murallas de incomprensión que llevan al divorcio y de qué manera derribarlas, a fin de restaurar los días felices, placenteros y tranquilos de la comunión. Cómo mejorar mi matrimonio examina de cerca varias situaciones típicas en las cuales las murallas pueden surgir entre dos personas, y le aconseja al lector cómo darle solución a este problema.

Nos agradaría recibir noticias suyas.
Por favor, envíe sus comentarios sobre este libro
a la dirección que aparece a continuación.
Muchas gracias.

Editorial Vida
Vida@zondervan.com
www.editorialvida.com